本书出版受到以下资助

国家自然科学基金"江汉平原农村公共服务可达性与
空间均等化研究"（项目编号：41371183）

湖北省哲学社会科学一般项目"基于旅游协同促进的城市软实力研究
——以武汉市为例"（项目编号：2015118）

湖北省教育厅哲学社会科学研究重大项目
"旅游产业生态创新与绿色转型研究"（项目编号：13zd012）

旅游与城市软实力

——以武汉市为例

张春燕 著

Tourism and City Soft Power:
A Case Study of Wuhan

中国社会科学出版社

图书在版编目（CIP）数据

旅游与城市软实力：以武汉市为例/张春燕著 . —北京：
中国社会科学出版社，2016. 10
ISBN 978 – 7 – 5161 – 8326 – 7

Ⅰ. ①旅⋯　Ⅱ. ①张⋯　Ⅲ. ①城市旅游—旅游业发展—
研究—武汉市　Ⅳ. ①F592. 763. 1

中国版本图书馆 CIP 数据核字（2016）第 123986 号

出 版 人	赵剑英
责任编辑	侯苗苗
特约编辑	曹慎慎
责任校对	周晓东
责任印制	王　超

出　　版	中国社会科学出版社
社　　址	北京鼓楼西大街甲 158 号
邮　　编	100720
网　　址	http：//www. csspw. cn
发 行 部	010 – 84083685
门 市 部	010 – 84029450
经　　销	新华书店及其他书店

印　　刷	北京君升印刷有限公司
装　　订	廊坊市广阳区广增装订厂
版　　次	2016 年 10 月第 1 版
印　　次	2016 年 10 月第 1 次印刷

开　　本	710×1000　1/16
印　　张	14
插　　页	2
字　　数	215 千字
定　　价	55. 00 元

序

20世纪90年代，西方政治学就出现了"软实力"概念。现今，软实力已成为中国人文社会科学研究的热点。自2007年软实力建设被提高到国家战略层面以来，软实力的相关理论研究与实践探索便逐渐走向深入，"国家文化软实力"、"区域软实力"、"城市软实力"和"企业软实力"，甚至"个人软实力"等相关概念，也因此而相继诞生。21世纪，作为人才、信息、技术和资金等要素汇聚中心的城市，在国家（区域）经济和社会发展中的地位越来越重要作用，但是，"城市软实力"理论研究的不足以及城市发展的急剧膨胀、城市问题的日益凸显、城市竞争的日趋激烈以及城市居民对物质与精神需求的不断改变与增加等，都对城市软实力的理论研究与实践探索提出了更高的要求。旅游是城市的名片。一个现代化、国际化的城市应该既是旅游客源地，也是旅游目的地。随着旅游业的发展，它已不仅属于文化领域，而是作为一个逐渐壮大的综合性产业，对城市发展的方方面面都产生着深远的影响。旅游是城市发展的硬实力与软实力的综合表现，在发展旅游业的过程中，深入探索旅游发展和城市发展之间的关系，故显得格外重要。

张春燕的《旅游与城市软实力——以武汉市为例》一书即将出版。作者遵循"提出问题—分析问题—解决问题"的人文社会科学研究思路，以建构旅游协同促进城市软实力提升的理论框架和实证研究为目标，在大量文献收集、阅读、整理和深入分析的基础上，系统研究了城市旅游业发展与城市软实力提升之间的内在契合性，以及旅游对城市软实力提升的协同作用机理。在理论研究的基础上，作者对旅游协同促进城市软实力提升展开了实证研究，并总结了四个带规律性的研究要点内容：一是城市旅游业发展与城市软实力建设在"目标"、

"基础"、"要素"与"媒介"等方面存在高度的内在关联性；二是城市软实力的提升是城市经济基础、软实力资源魅力与软实力传播效应的有机结合；三是旅游在城市软实力提升中具有"基础保障"、"资源建设"和"媒介传播"三重属性；四是城市软实力提升中的"旅游"策略应以"平台搭建"、"基础建设"、"资源开发"以及"传播效应"四个方面为抓手等结论。

作者从旅游的视角来研究城市软实力，具有重要的理论与实践意义。在现有文献中，不易查找到"旅游与城市软实力的内在联系，旅游在协同促进城市软实力中的作用机理"等相关研究成果。理论研究的匮乏，加之缺乏实践的检验，又反过来制约着城市软实力理论研究的深入。将源于国家层面的软实力理论，投射到城市层面，并根据城市的独特属性加以改进，从理论上系统阐述城市软实力的内涵、构成要素、生成机理、评价指标体系等问题，揭示旅游与城市软实力之间的内在联系，以及旅游协同促进城市软实力提升的作用机制，从而为提高城市综合竞争力提供有力的理论支撑，这是对城市软实力理论的进一步深化，也是某种意义上的创新。作者以软实力资源要素条件优越而现有城市软实力水平有待提升的武汉市为例，通过理论与实际相结合的实证研究，揭示了武汉市旅游业发展与武汉市软实力建设之间的内在联系，并系统地阐明了武汉市旅游业发展在提升城市软实力方面的作用力，其实践价值不言而喻。

综观全书，不难发现作者在理论与实证两个层面，对旅游协同促进城市软实力提升进行了系统分析，建构了旅游对城市软实力提升的协同作用理论；建立了旅游协同促进的城市软实力评价模型，并从四个维度阐明了武汉城市软实力提升的"旅游"策略，这无疑丰富了城市旅游发展、城市软实力建设、城市旅游与城市软实力关系的研究成果。由于城市旅游与城市软实力本身的复杂性、相关存量研究的缺乏以及数据收集困难等方面的约束，加之本书仅仅是从"旅游"的视角，对"城市软实力建设"这一宏大命题作了某一个方面的探索与努力，故难免挂一漏万。

我曾被邀请参加著者的博士论文答辩。作为一名年轻的学者，张春燕有着较多的可取之处，善于思考，勤于劳作，更有着在交叉学科领域深入探究理论与实际问题的执着精神，这值得点赞。在漫长的事业大道上，愿这位执着者走向远方！

曾菊新

2016 年 3 月于桂子山

前　言

　　20 世纪 90 年代，西方政治学就出现"软实力"的概念。现今，软实力已成为我国理论研究的热点。软实力理论在我国的兴起，除了为我国和平崛起提供理论依据之外，更是为了通过发掘中华民族深厚的文化底蕴来充分证明我国自古以来就拥有丰厚的软实力资源和强大的软实力转化能力。自 2007 年以来，软实力建设被提升到国家战略层面以来，软实力的相关理论研究与实践探索便逐渐走向深入，"国家文化软实力"、"区域软实力"、"城市软实力"、"企业软实力"，甚至"个人软实力"等相关概念，也因此而相继诞生。

　　21 世纪的城市，是人才、信息、技术和资金的汇聚中心。城市在国家（区域）经济、社会发展中的特殊地位及其重要作用，赋予了城市软实力研究的必要性和重要性。一方面，"软实力"理论研究还有待进一步深入，而作为其分支的"城市软实力"研究更是刚刚起步，相关存量研究对城市软实力的内涵与外延、城市软实力的构成要素、城市软实力大小的衡量方法与指标，以及城市软实力建设的影响因素等基本问题都尚未厘清；另一方面，城市发展的急剧膨胀、城市问题的日益凸显、城市竞争的日趋激烈、城市居民和游客物质与精神需求的不断改变与增加，都对城市软实力建设提出了更高的要求。由此可见，研究城市软实力理论与实践问题，具有重要的现实意义。

　　旅游是综合性产业，旅游是城市的名片。随着旅游业的发展，它已不仅属于文化领域，而是作为一个逐渐壮大的综合性产业，对城市发展的方方面面产生着重要影响。旅游是城市发展的硬实力与软实力的综合表现，在发展旅游业的过程中，深入探索旅游发展和城市发展之间的关系，更显得格外重要。本书从"城市竞争力"和"城市软实力"理论出发，在大量收集、整理和分析已有研究成果的基础上，进一步厘清了"城市软实力"的内涵与外延,城市软实力的构成要素、生成机理,城市硬实力与城市软实力之间的关系,城市软实力评价的指标体系等关键问题,并以此为基础,深入探讨旅游与城市软实力建设之间的关系,从而提出提升武汉城市软实力的旅游发展策略。众所周知,旅游发展对城市软实力的提升,有着不可替代的作用。从"软、硬实力关系"的角度来看,旅游产业的发展为城市软实力建设提供坚实的基础保障;从"资源要素"维度来看,旅游产业的发展可以促进城市软实力各种资源要素的整合;从"传播转化"的维度来看,旅游特别是国际旅游所具有的全方位、立体的特点,深刻影响着旅游及其城市软实力资源的传播,并最终影响到城市软实力的建构效果。因此,本书以理论为基础,模型为工具,城市为主体,为城市软实力的建设提出有针对性的对策。

一 体系结构

第一部分为问题提出和研究基础,即第一章和第二章。第一章为本书的绪论,由研究背景与现实意义、研究方法与技术路线,以及研究创新与不足三个方面的内容构成。第二章为文献综述、理论基础以及核心概念的界定,主要包括国内外城市旅游、城市软实力研究述评与展望;软实力、城市竞争力、城市软实力、城市旅游竞争力和生态城市等理论基础,以及本书核心概念的界定等内容。文献综述、理论基础和相关核心概念的界定,为本书拟解决的问题提供了理论支持,使论证有据可依。

第二部分为理论分析,也是本书的核心部分,即第三章至第六章。其中,第三章与第四、五、六章之间是总分关系,而第四、五、六章之间又是并列的逻辑关系。第三章在绪论与第二章理论综述的基础上,从"目标"、"基础"、"要素"、"媒介"四个方面论述了旅游产业发展与城市软实力建设之间的内在契合性;第四章从制度、财力和环境三个方面论述了旅游对城市软实力提升的保障协同作用;第五章从自然要素、文化要素、人口要素以及社会要素四个方面论述了旅游对城市软实力提升的建设协同作用；第六章从传播渠道、传播内容和传播途径三个方面论述了旅游对城市软实力提升的传播协同作用。

第三部分为实证研究及对策，即第七章、第八章。第七章在旅游对城市软实力提升的保障、建设与传播协同分析的基础上，特别是结合旅游协同促进城市软实力的影响因子，创建了旅游协同促进城市软实力评价理论分析框架，力求一方面反映旅游协同促进的城市软实力的结果，另一方面能追溯影响城市软实力的旅游因素，即结果、原因两方面。与此同时，构建了旅游协同促进城市软实力评价的指标体系；探讨了旅游协同促进城市软实力的基本评价方法，包括因子分析法和主成分分析法。最后，结合我国城市实际状况，对旅游业协同促进下的城市软实力进行实证分析。第八章依据旅游业协同促进城市软实力提升的实证研究结果，以武汉旅游业与城市软实力发展现状为起点，在深入分析旅游业协同促进武汉城市软实力建设的优势、劣势、机遇与挑战的基础上，进一步从平台搭建、基础建设、资源开发、传播效应四个方面提出武汉城市软实力建设的"旅游"策略。

第四部分为结论与展望，即第九章。本章主要从两个方面进行总结与归纳，一是总结理论与实证研究的结论；二是从研究角度、研究对象以及研究方法三个方面指出后续拓展研究的方向。

二　创新之处

第一，揭示了旅游业发展与城市软实力提升的内在关联性。现有文献中有关软实力、城市软实力、城市旅游以及旅游与城市发展的研究很多。特别是近几年来，从国家层面来研究旅游与国家文化软实力的文献也在逐渐增加。然而，从城市这个层面，明确将旅游与城市软实力结合在一起，深入研究旅游与城市软实力内在联系的文献极少。本书的创新之处，就在于揭示了旅游业发展与城市软实力提升的内在关联性。

第二，构建了旅游对城市软实力提升的协同作用理论。将旅游与城市软实力的内在契合性，作为旅游对城市软实力提升协同作用分析的逻辑起点，分别从"保障"、"建设"以及"传播"三个维度深入阐述了旅游对城市软实力提升的协同作用机理，探寻旅游影响因素对城市软实力形成的作用结果，为旅游协同促进的城市软实力基本框架的现实选择提供一定的参考依据。

第三，建立了旅游协同促进的城市软实力评价模型。在理论分析的基础上，结合旅游对城市软实力建设与提升的影响因子，创建了旅游协同促进的城市软实力评价模型，力求一方面反映旅游协同促进的城市软实力结果，另一方面追溯影响城市软实力的旅游因素，即结果、原因两个方面，为旅游协同促进的城市软实力评价提供分析范式。

第四，从四个维度阐明了武汉城市软实力提升的"旅游"策略。在理论与实证分析的基础上，分别从"平台搭建"、"基础建设"、"资源开发"、"传播效应"四个方面提出了武汉城市软实力的"旅游"提升对策，将进一步丰富城市旅游发展、城市软实力建设、城市旅游与城市软实力关系的研究成果。

三　不足之处

由于城市旅游与城市软实力之间关系的复杂性、动态性，以及相关存量研究的缺乏，加之数据收集的困难以及本人知识的限制，本书尚有以下不足之处：

第一，理论分析有待进一步深入。有关软实力、城市软实力、城市旅游等基础理论的研究还不够深入。由于资料、篇幅的原因，加上受个人知识结构、研究能力和精力的限制，本书对相关理论的研究还有待进一步深入。

第二，定量分析略显不足。尽管本书在定性分析的基础上，充分利用现有相关数据资料，运用定量分析方法，对旅游协同促进下的城市软实力建设进行了定量描述和比较，但仍然存在评价角度相对单一和评价指标不够完善的问题，还有待于更为科学的指标体系的建立。

第三，本书中的"城市"，主要是以我国直辖市和各省会城市作为样本或者研究对象，而旅游产业的发展与旅游活动的开展对不同级别、不同规模、不同地域的城市所产生的影响肯定是不相同的，因此，本书所提出的旅游协同促进城市软实力的一系列策略，其作用的发挥也需要相应的匹配措施，这也是后续研究的方向。

目　　录

图 目 录

表 目 录

第一章　绪论

20 世纪 90 年代，政治学者约瑟夫·奈教授，将普遍存在于国家关系中的"通过吸引别人而不是强制他们来达到你想要达到的目的之能力"确切定义为"软实力"以来，"软实力理论"便日益得到学术界、企业界和社会的广泛关注。软实力并非空穴来风，事实上，软实力早已渗透于人们的日常生活。从未到过中国的美国人穿着印有"中国武术"字样的运动衫，我国电视频道不断地播放着韩国的连续剧等，都是国家软实力在民众日常生活中得到充分体现的典型例子。

在我国，"软实力"也得到了社会各界的热议。其原因不仅在于为我国经济、社会与文化全面发展找寻必要的理论支持，还在于从我国五千年深厚文化底蕴中发掘软实力的源头，证明我国从来都不缺乏软实力。如今我们所面对的，仅仅是如何更好地运用软实力来推动城市的全面发展。2007 年，全国人民代表大会将国家文化软实力建设提高到国家战略高度的同时，也掀起了国内"软实力"与"文化软实力"研究的热潮。因此，"软实力"、"国家文化软实力"、"区域软实力"、"城市软实力"、"企业软实力"，甚至"个人软实力"等概念，也相继诞生了。

城市软实力与国家软实力有着密切的联系，同时也有着各自的特点。一方面，由于软实力的精髓是文化，具有强烈的意识形态属性。因此，对于一个统一的国家而言，城市软实力在政治上与国家软实力保持着高度的一致性，即在主流意识形态和政治文化上两者之间始终保持着高度的一致性。特别是国家首都所在城市、省会城市以及经济发达城市的软实力，是该国软实力的主要表现，构成了国家软实力的基础。另一方面，国家软实力对城市软实力则起着导向、引领和支撑的作用。从总体上来看，城市软实力从属于国家软实力。但是，基于城市的地域性、特色性以及文化资源禀赋的差异性，城市软实力与国家软实力之间的关系，就像宇宙太阳系的星星与太阳之间的关系一样，在向太阳凝聚、接受太阳照射的同时，也闪耀着各自的光芒。武汉市作为湖北省的省会城市，也不例外。

城市是旅游发展的基础，旅游是城市活力的源泉，也是城市软实力的生动体现。旅游业良好的产业属性，决定了这一朝阳产业在繁荣城市文化、扩大城市就业、保护城市环境以及提高城市形象等方面，必然发挥着不可替代的作用。旅游业也是新型城镇化建设的助推器，将旅游业作为推动城市全面发展与建设的核心，可以尽快提高城市基础设施与公共服务水平，形成区域文化、休闲旅游的消费集聚，最终实现城市产业发展、民生改善、文化传承以及形象的提升。在软实力的建设与提升过程中，无论是国家还是城市层面，旅游的作用都至关重要。伴随着旅游业的大发展，城市环境将得到进一步改善，城市文化将得到进一步传承，城市人口素质也会得到相应的提高，与之共生的将是城市社会的更加和谐。这些都将对城市软实力资源的保护、挖掘与建设起到巨大的促进作用。城市优美的环境、先进的文化、良好的社会风貌等"软实力资源"，只有在媒介的广泛传播和有效转化之后，才能产生巨大的凝聚力、吸引力、感召力和影响力。

鉴于城市对国家软实力的重要性，本书将致力于城市软实力研究。尽管旅游在城市软实力建设中的重要作用不可否认，"城市软实力"的概念也被投射到了诸多层面，但在现有文献中有关城市软实力的内涵与外延，城市软实力的构成要素与生成机理，城市软实力衡量的方法与指标体系，以及城市软实力建设的影响因素等相关研究成果还比较少。理论与实证研究的不足，不仅影响了理论的认同度，也削弱了理论对实践的指导效果。武汉是一座历史底蕴深厚的文化之城，一座生态环境优美的山水之城。目前，武汉市正依托其独特的山水、人文资源优势，深入推进休闲旅游城市建设，正在实现由注重旅游经济功能向充分发挥旅游综合功能的转变。然而，多少年来武汉旅游业的发展和城市软实力的建设总是不尽如人意。武汉城市旅游产业发展现状和城市软实力构建的效果，与城市本身所具有的资源禀赋完全不符。作为省会城市之一，武汉市在国内与国外的知名度，尤其是美誉度还有待提高。武汉城市旅游发展的内涵，不仅仅意味着城市经济的不断增长，更应该包括城市人文主义内涵与特征的与日俱增。城市旅游的最大特征，在于城市居民和旅游者共享着城市旅游的环境。游客是城市的外来感知者，游客与城市居民都是城市的"体温计"，城市的变化和问题会在游客和城市居民身上微妙地体现出来。因此，挖掘外来游客与本地居民的行为所隐含的态度，应该成为评价城市发展质量的重要指标。[①] 本书沿着"软实力"理论发展和流变的轨迹，以武汉市为例，从理论辨析与实证研究的角度，主要研究在高速城市化进程中，在旅游业发展呈现新的时代特征背景下，城市旅游与城市软实力的内在契合性，城市旅游业发展对城市软实力建设与提升的促进作用，以及在旅游协同的视角下城市软实力提升的策略选择等，这构成了本书的研究动因与基本思路。

第一节　研究背景与意义

一　研究背景

（一）城市化高潮的到来与城市地位的提升

伴随着全球城市化进程的加剧，我国城市化水平正以同期世界水平3倍的速度在不断地提高。城市，这一复杂的主体，也曾因2010年上海世博会的举办而再一次备受世人关注。"后世博会"时代，全球各个国家、各大城市都围绕着"城市，让生活更美好"的目标展开了一系列的构想、规划与建设工作，再一次加快了全球城市化的进程。新的世纪里，世界各国的发展也将更加依赖城市的贡献，而城市在使人类快速进入现代文明的同时，又以前所未有的方式与速度给自身带来了人口膨胀、交通拥挤、就业困难、环境污染等"城市病"的困扰。城市化的高速发展与城市资源的稀缺性进一步凸显了国家之

① 金准：《我国现阶段城市化对城市旅游的影响》，经济管理出版社2012年版。

间、城市之间竞争的激烈。① 全球化背景下，城市在获得世界"话语权"竞争中的主体地位更加明显，城市在提高人民生活水平，增加全民幸福指数方面肩负着更多的责任。

（二）软实力在城市竞争中的作用与日俱增

学者倪鹏飞认为，城市竞争力是指与其他城市相比，城市在竞争与发展过程中，所展现的拥有、控制、吸引以及转化资源的能力。② 除了对物质资源的吸纳与控制等硬实力之外，城市竞争力还包括城市因其优美的自然环境、繁荣的城市文化、高素质的人口以及和谐的社会形态所产生的对城市内外部公众的吸引力、凝聚力、说服力和影响力。这种"柔性"且相对隐性的非物质力量，就是"城市软实力"。如今，我国各大城市之间在"最具幸福感城市"、"最具魅力城市"、"生态城市"、"宜居城市"等荣誉上进行角逐，大连市"城市环境名牌"战略的实施，共同见证了"软实力"的竞争日益得到社会广泛的重视。

（三）我国旅游业发展中呈现的新特征

目前，我国正在全面建成小康社会的道路上大步前行，人均国内生产总值大幅增长，居民消费需求快速升级，国民旅游愿望显著增强，旅游业已进入大众化发展阶段，其前景十分广阔。伴随着国际、国内环境的深刻变化，我国旅游业也呈现出了四大新生态势。

第一，国民休闲的"大旅游"。学者格雷厄姆·莫利托曾预测，到2015年，人类将从信息时代进入休闲时代，休闲、娱乐、度假与旅游将成为新的经济大潮，并席卷全球。在发达国家，这种"大休闲时代"的预测正在逐步实现。以美国为例，人们花费1/3的时间、2/3的收入来休闲度假，"大休闲"产业直接就业人员达到全部就业人员的1/4，间接就业人员则占到了1/2，休闲度假已成为美国等发达国家最重要的经济文化产业。依据国际标准，当一国人均GDP达到

---

① 萨缪尔森：《经济学》，人民邮电出版社2004年版，第238页。

② 倪鹏飞：《中国城市竞争力报告NO.1，推销：让中国城市沸腾》，社会科学文献出版社2003年版，第154页。

5000 美元时，该国就将步入休闲度假与旅游消费的爆发式增长期。2011 年，我国就已经迈过了人均 GDP 5000 美元的门槛，高速交通网络和通信技术的快速发展，特别是《国民旅游休闲纲要（2013—2020）》的颁布，也正深深影响甚至彻底改变着国民的生产与生活方式，大力发展休闲度假产业的时机已经成熟。

第二，综合体验的"大旅游"。综合体验"大旅游"的产生，一方面是由于传统景区在旺季人满为患，极大地降低了旅游者的舒适度，导致人们在旅游旺季不再选择传统景区，而是到城市、商业街或者是乡村等地方进行体验旅游。另一方面，则是由旅游者兴趣的多样化以及交通的便捷化所致。综合体验"大旅游"的出现，要求进一步拓宽旅游活动空间并丰富旅游活动内容。休闲全民化、空间全景化、体验全时化的全域体验旅游，标志着我国旅游业发展新趋势的到来，进而满足国民新的旅游需求。

第三，跨界融合的"大旅游"。分工的日益细化、行业的不断整合、产业界限的更加模糊，以及行业功能的日渐交叉，标志着一个跨界的泛产业时代已悄然来临。产业融合、行业融合和地区融合已经成为现实，对旅游业而言更是如此。旅游维度的日益泛化，加速了旅游业与其他产业的深度融合。目前，已不能简单地将旅游业归类于现代服务业，它也不再单纯只是生活资料与服务的供给体系，其连接社会生活及外部环境的作用已更加明显。跨界融合的大旅游在城市政治、经济、社会与文化等诸多领域中，发挥着日益深刻的影响与作用。

第四，政策导向的"大旅游"。政府推进成热点，企业跟进成热潮，需求增长成热流，这是目前我国旅游产业发展呈现出的新常态。我国旅游业"战略性支柱产业"和"更加满意的现代服务业"地位的确立，更是明确了其"旅游产业"和"旅游事业"的双重定位。2011 年"中国旅游日"的设立，标志着我国旅游业正步入一个更好地满足国民日益变化与增长的旅游需求的新时代。与此同时，《国民旅游休闲纲要（2013—2020）》的出台，《旅游法》的颁布与实施，以及十八届三中全会的召开，又进一步助推了这种需求。党的第十八届中央委员会第三次全体会议指出，在今后的发展中，要坚持科学发展观的指导，要凝聚共识、统筹谋划、协同推进，要以促进社会公平正义、增进人民福祉为前进的目标，为大旅游时代的未来发展指明了前进的方向。

（四）融合发展才能更好地实现城市和旅游的"双赢"

"城市"与"旅游"始终处于一个相互联系、相互影响的系统之中，只有两者之间的有效融合，才可能实现城市与旅游业的共同繁荣。旅游与城市的融合，是未来发展的必然趋势。旅游休闲是城市的重要功能。既是"宜居"的，也是"宜游"的。就一个城市而言，旅游休闲功能主要体现在作为旅游目的地吸引外来旅游者的进入与作为重要的生活空间而成为当地居民的重要休闲场所。因此，城市旅游休闲功能，除了在外来游客身上得到体现外，在城市居民的生活中也将得到更好的验证。随着旅游大众化的到来，旅游业日益呈现"散客化"的趋势。旅游"散客化"，对打造游客与市民共享的空间提出了更高的要求。目前，在欧美等旅游业比较发达的国家，散客比例已占到整个旅游市场的90%以上。而在我国，散客旅游者也逐步演变成旅游市场的主角，不少城市的旅游散客比例已达到70%，甚至更高。与传统团队旅游不同的是，散客旅游不再是由旅行社进行引导和控制的点式旅游，而是游客与城市各方面广泛接触的旅游，这对城市打造游客与市民共享的空间提出了更高的要求。一方面，城市作为游客休闲、体验的目的地，要确保游客能够深刻体验它的精髓，就要提供更为全面、优质的设施与服务；另一方面，对于城市的市民来说，游客的全面接触与深度体验很可能会影响到他们的正常生活，从而形成两者的矛盾状态。多克西（Doxey）就曾以"激怒指数"模式，来描述旅游者与当地居民之间的矛盾。因此，在不断满足城市外来游客需求、提高其满意度的同时，也要保证当地居民的幸福指数。总之，旅游与城市之间的融合发展，才能促进旅游产业素质的全面提升，才能提高城市综合竞争力，进而提升旅游者满意度和居民的幸福指数。①

---

① 中国旅游研究院：《旅游与城市的融合发展：以成都为例》，中国旅游出版社2013年版，第2—6页。

（五）武汉市旅游业发展与城市软实力建设的必要性与可行性

武汉市旅游供给与需求的不均衡，旅游市场的混乱与旅游者不良行为的存在，以及由城市服务向旅游、商务及居民生活服务完善而引起的城市性质、经济结构、城市风貌、城市品牌调整过程（林峰、赵丽丽、杨尚，2013）的出现，都对武汉市旅游业的进一步发展提出了更高的要求。武汉市虽然软实力资源禀赋极其丰富，但武汉城市软实力现状不容乐观。目前，武汉市文化资源利用、整合力度不够，城市发展特色易模仿；文化培育作用不足，小市民文化浓厚以及人力资源吸引力不强等问题，正是武汉城市软实力不强的突出表现，也进一步阻碍着武汉城市软实力的提升。由于武汉市历史底蕴深厚、人才储备丰富、民俗技艺独特，因而使武汉市居民生活水平得以逐步提高，特别是可自由支配的闲暇时间日益增多，且外出旅游休闲的愿望更加强烈。上述这些条件，为武汉旅游业发展及其城市软实力建设提供了得天独厚的有利条件。大力发展旅游业，全面协同促进城市软实力的提升，不仅顺应了国民经济、社会文化和生态环境发展的要求，而且也是武汉市建设全国文明城市的正确选择。

（六）城市与旅游研究的复杂性

现代城市是人口、文化、资源、信息、技术等高度集聚且持续运转的复杂系统，其涉及政治、经济、文化以及环境等多个子系统，而各个子系统之间的关系纵横交错。城市是人类对自然环境干预最多的地方（周一星，1992），城市的发展往往呈现出多目标性、动态性和不确定性。因此，单一理论不可能解决城市的所有问题，城市研究还必须借助于政治、经济、文化、地理等学科的知识。旅游活动不仅仅只是一种经济现象，更是人类社会、文化的载体。国家优秀旅游城市的考核标准，就涉及政府、媒体、交通、园林等多个部门包括经济、文化、餐饮、住宿在内的 20 多个项目。城市的复杂性与旅游的综合性，决定了城市研究和城市旅游研究的复杂性。

二　研究意义

从旅游的视角来着手城市软实力的建构，具有重要的理论与实践意义。在现有文献中，还很难找到"旅游与城市软实力的内在联系，旅游在协同促进城市软实力中的作用机理"等相关研究成果。理论研究的缺失，以及缺乏实践的检验，又反过来制约着城市软实力理论研究的深入。将源于国家层面的软实力理论，投射到城市层面，并根据城市的独特属性加以改进，从理论上系统阐述城市软实力的内涵、构成要素、生成机理、评价指标体系等问题，揭示旅游与城市软实力之间的内在联系，以及旅游协同促进城市软实力提升的作用机制，从而为提高城市综合竞争力提供有力的理论支撑，这就是本书理论意义之所在。

本书以软实力资源要素条件优越而现有城市软实力水平却不太理想的武汉市为例，在理论分析的基础上，通过实证研究，揭示武汉市旅游业发展与武汉市软实力建设之间的内在联系，从而阐明武汉市旅游业发展在促进武汉市软实力提升中的作用，这就是本书的实践意义。作为武汉市民，笔者真切希望为自己家乡的软实力建设贡献一份绵薄之力，也期冀本书能进一步拓宽我国其他城市旅游业发展与软实力建设的思路。

第二节 研究内容、方法与技术路线

一 研究内容

本书的研究内容从总体上可以分为四个部分，具体安排如下。

（一）选题与理论基础

第一部分为选题与理论基础，即第一章和第二章。第一章为本书的绪论，由研究背景与现实意义、研究方法与技术路线，以及研究创新与不足三个方面的内容构成。第二章为文献综述、理论基础以及核心概念的界定，主要包括国内外城市旅游、城市软实力研究述评与展望；软实力、城市竞争力、城市软实力、城市旅游竞争力和生态城市等理论基础，以及本书核心概念的界定等内容。文献综述、理论基础和相关核心概念的界定，为本书拟解决的问题提供理论支持，使论证有据可依。

（二）理论分析

第二部分为理论分析，也是本书的核心部分，即第三章至第六章。其中，第三章与第四、五、六章之间是总分关系，而第四、五、六章之间又是并列的逻辑关系。第三章在绪论与第二章理论综述的基础上，从"目标"、"基础"、"要素"、"媒介"四个方面论述了旅游产业发展与城市软实力建设之间的内在契合性，第四章从制度、财力和环境三个方面论述了旅游对城市软实力提升的保障协同；第五章从自然要素、文化要素、人口要素以及社会要素四个方面论述了旅游对城市软实力提升的建设协同；第六章从传播渠道、传播内容和传播途径三个方面论述了旅游对城市软实力提升的传播协同。

（三）实证研究

第三部分为实证研究及对策，即第七章、第八章。第七章在旅游对城市软实力提升的保障、建设与传播协同分析的基础上，特别是结合旅游协同促进城市软实力的影响因子，创建了旅游协同促进城市软实力评价理论分析框架，力求一方面反映旅游协同促进的城市软实力的结果，另一方面能追溯影响城市软实力的旅游因素，即结果、原因两个方面；构建了旅游协同促进城市软实力评价的指标体系；探讨了旅游协同促进城市软实力的基本评价方法，包括因子分析法和主成分分析法。最后，结合我国城市实际状况，对旅游业协同促进下的城市软实力进行实证分析。第八章，依据旅游业协同促进城市软实力提升的实证研究结果，以武汉旅游业与城市软实力发展现状为起点，在深入分析旅游业协同促进武汉城市软实力建设的优势、劣势、机遇与挑战的基础上，进一步从平台搭建、基础建设、资源开发、传播效应四个方面提出武汉城市软实力建设的"旅游"策略。

（四）结论与展望

第四部分为结论与展望，即第九章。本章主要从两个方面进行总结与归纳，一是总结理论与实证研究的结论；二是从研究角度、研究对象以及研究方法三个方面指出后续拓展研究中的方向。

二 研究方法

（一）文献资料收集法

一方面，通过大量阅读政治学、经济学、心理学、传播学、新闻学等相关中英文献，为本书写作打下了良好的理论基础；另一方面，笔者通过观察武汉市旅游业发展与城市建设的动态，为本书的写作收集了有关实证分析的相关数据。在写作期间，笔者多次前往湖北省旅游局、武汉市旅游局和华中师范大学城市与环境科学学院查阅相关资料，了解了湖北省、武汉市的旅游与城市发展目标、政策以及现状。特别是武汉市旅游局和华中师范大学城市与环境科学学院于 2014 年 5 月共同完成的《武汉市旅游资源调查报告》，为本书的写作提供了很大的帮助。大量文献的阅读、数据的整理，为本书写作打下了良好的基础。

（二）定性定量分析法

本书以规范研究的方法，系统全面地探讨了旅游协同促进下城市软实力建设的相关问题。在旅游协同与城市软实力的理论框架下，本书力图从理论上充分论述影响旅游协同促进城市软实力的关键因素。在此基础上，本书利用有关数据，采用实证分析的方法，剖析以武汉为旅游目的地城市的软实力水平，对旅游目的地城市之间的软实力差异及影响因素进行评价和比较。在验证前文理论分析的同时，对武汉市旅游业发展现状、城市软实力现状以及旅游协同促进武汉城市软实力的优势、劣势、机遇与挑战，都做了深入的分析。最后，针对理论与实证结果，提出了武汉城市软实力提升的"旅游"策略。

（三）系统研究法

任何事物与其他事物之间都是相互联系、相互影响的。城市本身是一个极为复杂的庞大系统，城市的全面发展涉及城市的方方面面；旅游业特别是城市旅游业是一个关联性极强的产业，要弄清旅游业发展在城市软实力建设中的作用及其作用的方式与大小，就必须运用系统论的方法，从经济、政治、文化、环境等多个方面，从基础、要素、媒介等多重属性来综合研究与探讨。

三 技术路线

上述技术路线，展示了本书研究的逻辑思路、方法与内容。其中，最终的落脚点在于如何通过发展武汉市的旅游业，来协同促进武汉市软实力的提升，并结合其他城市自身的特点加以推广。

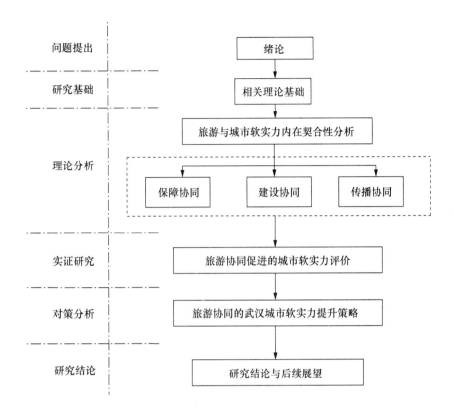

图1-1 本书研究技术路线

第三节 研究创新与不足之处

本书在理论与实证两个层面，对旅游协同促进城市软实力提升进行系统分析，基本上达到预期的研究目标。从整体来看，既有一些创新之处，也存在一些不足。

一 研究创新

本书创新之处主要体现在以下四个方面：

第一，揭示了旅游业发展与城市软实力提升的内在关联性。现有文献中有关软实力、城市软实力、城市旅游以及旅游与城市发展的研究很多。特别是近几年来，从国家层面来研究旅游与国家文化软实力的文献也在逐渐增加。然而，从城市这个层面，明确将旅游与城市软实力结合在一起，深入研究旅游与城市软实力内在联系的文献极少。本书的创新之处，就在于揭示了旅游业发展与城市软实力提升的内在关联性。

第二，构建了旅游对城市软实力提升的协同作用理论。将旅游与城市软实力的内在契合性，作为旅游对城市软实力提升协同作用分析的逻辑起点，分别从"保障"、"建设"以及"传播"三个维度深入阐述了旅游对城市软实力提升的协同作用机理，探寻旅游影响因素对城市软实力形成的作用结果，为旅游协同促进的城市软实力基本框架的现实选择提供一定的参考依据。

第三，建立了旅游协同促进的城市软实力评价模型。在理论分析的基础上，结合旅游对城市软实力建设与提升的影响因子，创建了旅游协同促进的城市软实力评价模型，力求一方面反映旅游协同促进的城市软实力结果，另一方面追溯影响城市软实力的旅游因素，即结果、原因两个方面，为旅游协同促进的城市软实力评价提供分析范式。

第四，从四个维度阐明了武汉城市软实力提升的"旅游"策略。在理论与实证分析的基础上，分别从"平台搭建"、"基础建设"、"资源开发"、"传播转化"四个方面提出了武汉城市软实力的"旅游"提升对策，将进一步丰富城市旅游发展、城市软实力建设、城市旅游与城市软实力关系的研究成果。

二　研究不足

由于城市旅游与城市软实力本身的复杂性，以及相关存量研究的缺乏；加之数据收集的困难以及本人知识的限制，本书尚有以下不足之处：

第一，理论分析有待进一步深入。有关软实力、城市软实力、城市旅游等基础理论的研究还不够深入。由于资料、篇幅的原因，加上受个人知识结构、研究能力和精力的限制，本书对相关理论的研究还有待进一步深入。

第二，定量分析略显不足。尽管本书在定性分析的基础上，充分利用现有相关数据资料，运用定量分析方法，对旅游协同促进下的城市软实力建设进行了定量描述和比较，但仍然存在评价角度相对单一和评价指标不够完善的问题，还有待于更为科学的指标体系的建立。

第三，本书中的"城市"，主要是以我国直辖市和各省会城市作为样本或者研究对象，而旅游产业的发展与旅游活动的开展对不同级别、不同规模、不同地域的城市所产生的影响肯定是不相同的，因此，本书所提出的旅游协同促进城市软实力的一系列策略，其作用的发挥也需要相应的匹配措施，这也是后续研究的方向。

第二章　相关文献综述与理论基础

第一节　相关文献综述

一　国内外城市旅游研究综述

人类旅游活动，历经了古代旅游、近代旅游以及现代旅游三个阶段。[①] 现代旅游自 19 世纪出现以来已经有近两个世纪，国外现代旅游的相关研究也有近百年。然而，20 世纪 80 年代初我国城市旅游研究还相对滞后。20 世纪 90 年代以来，伴随着城市的发展与城市化进程的加快，城市居民生活水平的提高，城市旅游以前所未有的速度全面发展。因此，对旅游业发展及其在国民经济中的作用研究逐渐形成高潮。进入 21 世纪以来，理论界开始关注旅游业发展对城市发展的影响与作用。基于此，本书从借鉴国外城市旅游相关研究成果入手，进一步梳理我国有关旅游、城市旅游的文献，为本书基于旅游协同促进的城市软实力研究提供理论依据。

（一）城市旅游研究的源起与定义

1. 城市旅游研究的源起

学者 Stansfield（1964）在 *An Note on the Urban – nonurban Imbalance in American Recreational Research* 中强调了城市旅游业发展以及城市旅游研究的重要性。不久之后，城市旅游业发展的重要性也逐步得到了其他学者的广泛关注。Peter Hall（1970）曾预言，大旅游时代的来临，将是欧洲国家的首都和历史文化小镇在新世纪到来之前 30 年

---

① 李天元、王连义：《旅游学概论》，南开大学出版社 1991 年版，第 5—20 页。

里的最大变化。让人叹惋的是，20世纪70年代至80年代初期，由于对旅游基础理论研究的忽略，导致了旅游学界相关基础理论特别是概念的缺失。和旅游研究一样，城市旅游研究也一直处于较为分散与凌乱的局面。虽然城市旅游因城市作为进出国家的门户而一度备受关注，但早期绝大部分的旅游研究都只停留在对国际旅游这一现象的描述上，在其概念的内涵与外延等基础理论的研究上还存在明显的不足（Heibergand，Hoivik，1980）。一直到20世纪八九十年代，城市旅游的相关研究才真正得以开展。Shaw和Williams（1994）指出，城市旅游的相关研究因城市在集中设施与吸引物（Attractions）、满足游客与本地居民需要上的重要功能以及城市之间的相似与独特属性而显得格外有意义。Page和Sinclair（1989）、Ashworth和Tunbridge（1990）以及Ashworth（1989，1992a）等也都相继做了许多城市旅游的开创性研究。尽管上述研究才刚刚起步，仍有很多不足，但充分表明了城市旅游的研究已经真正得以开展。

2. 城市旅游的定义

与"旅游"研究一样，在"城市旅游"的定义方面，国内外学者还尚未形成统一的认识。Pearce P. 通过对游客行为的心理，特别是游客的旅游动机进行分析，来判断旅游者选择城市作为旅游目的地的原因，并在此基础上给出了"城市旅游"的定义。Page（1995）则将旅游者前往城市旅游的原因归结为城市综合、专业的功能及其良好的服务设施。也有学者将城市旅游定义为游客在城市中所开展的一切旅游活动及其对城市政治、经济、社会与环境的影响。国内学者宋家增以上海为研究对象，提出了"都市旅游"的概念，并指出都市旅游是以都市风貌、风物与风情为特色的旅游。由于城市牵涉对象的广泛与复杂性，城市之间在地域上的差异与独特性，以及现代旅游业范畴的不断变化与扩充等，都决定了"城市旅游"概念界定仍处于探索阶段。

（二）城市旅游研究的内容与进展

1. 国外城市旅游研究内容分析

第一，城市旅游需求与供给研究。国外城市旅游需求研究遵循体验—动机—需求模式。Graefe 和 Vaske（1987）认为，旅游体验

（Tourist experience）是一种因环境、情景以及旅游者个体而异的对客体的强烈体验。Blank 和 Pet Kovich（1987）把游客前往城市旅游的原因归纳为探亲访友的需要、城市交通的便利以及城市在商业、金融与服务等功能上的高度集聚这三个方面。旅游动机（Tourism motivation）也是旅游者行为研究的主要内容之一。有学者引入"推—拉"模式，即旅游者外出旅游往往是因为自身心理上诸如逃避、放松、挑战等需求的推动和旅游目的地独特的自然景观、悠久的名胜古迹等因素的吸引而产生的，来阐述旅游者外出旅游的动机。Um S. 和 Crompt J. L.（1990）将旅游者选择旅游目的地的过程归结为潜在旅游者被动地接受目的地的相关信息（形成主观印象）—决定旅游（考虑限制因素）—比较并选择可能目的地（备选方案）—旅游者主动收集备选旅游目的地相关信息（形成丰富的主观印象）—选择旅游目的地（最终方案）—旅游体验（评价），展现了一个清晰且完整的从被动接受到主动收集与了解的过程。[①] 城市旅游供给研究，Law 认为，大多游客都是通过传媒、口碑等来了解、考察一个地方，并形成对旅游体验的预期，正因为此，城市的形象与声望是旅游者是否选择该城市作为旅游目的地的关键。Jansen - verbeke（1988）强调了城市交通、基础设施等辅助元素对城市旅游业发展的重要性。Leiper（1990）指出，通过对城市相关信息的推介，可以把潜在旅游者的需要与目的地城市联系起来；城市大量潜在旅游者的招徕，还有待于大量促销手段对城市的宣传。Leiper 理论的最大贡献在于，其提供了一种社会学的研究框架来理解城市旅游吸引力。Antonio P. Russo（2002）通过"visitor - friendliness"参数体系指出旅游者在选择目的地时，会把目的地城市旅游软环境开发的好坏作为重要的衡量标准。[②]

　　第二，城市旅游影响与效用研究。"旅游影响研究"约开始于 20 世纪 60 年代以英语为母语的北美国家。Mathieson 和 Wall（1982）在其著作《旅游：经济、环境和社会影响》中较为系统地阐述了旅游对

① Yong Kun Suh and William C. Gartner, "Preferences and Trip Expenditures - A Conjoint Analysis of Visitors to Seoul, Korea", *Tourism Management*, No. 1, 2004, pp. 124 - 137.

② Antonio P. Russo and Jan van der Borg, "Planning Considerations for Cultural Tourism: A Case Study of Four European Cities", *Tourism Management*, 2002, pp. 631 - 637.

目的地经济、社会与环境的影响。① 城市旅游影响研究备受国外学者的广泛关注，而城市旅游对城市社会的影响更是学者们关注的热点。因为认识到居民在城市旅游的发展过程中承担着最多的成本以及受到人本主义思想的影响，早先，学者们多从当地居民对旅游业发展的态度入手，来探讨旅游发展对当地城市社会特别是居民生活可能产生的影响。国外学者大多用"投入—产出"理论来分析旅游的经济影响。随着经济、社会的发展以及认识的不断深入，旅游经济影响研究的热潮逐步退却，旅游对目的地城市的文化、社会以及环境影响日渐成为研究的热点，这种研究趋势的变化在 1980—1989 年以及 2000—2009年两个阶段的文献比例变化中有明显的显现。② Fox（1977）通过对旅游者、当地居民以及旅游者与当地居民之间的关系三个方面内容的研究来探讨旅游对宗主社区以及游客与当地居民之间相互影响的过程与效果。Mbaiwa J.（2010）分析了基于社区的自然资源管理（CBN-RM）项目对传统生产和生活方式的改变所产生的影响。③ Lawson R. W.（1998）④、Samuel Seongseop Kim（2003）⑤ 等学者在对旅游业发展的社会影响研究中，特别关注目的地居民对旅游业发展所持有的或友好或敌对的态度。Fisher（2004）通过对旅游示范效应的重新审视指出，在示范作用方面，要将旅游与其他影响旅游目的地居民的因素（如电视）等区分开来是很难的。⑥ 随着"代价问题"研究的增多，"持续发展"理念便被逐步引入到了城市旅游影响的相关研究

---

① 赵雅萍：《旅游对区域经济差异的影响：一个文献综述》，《北京第二外国语学院学报》2013 年第 9 期。

② 汪德根等：《1980—2009 年国内外旅游研究比较》，《地理学报》2011 年第 4 期，第 535—548 页。

③ Mbaiwa J.，"Exchanges on Traditional Livelihood Activities and Lifestyles Caused by Tourism Development in the Okavango Delta，Botswana"，*Tourism Management*，2010：1 – 11.

④ Lawson R. W.，Williams J.，Young T.，Cossens J.，"A Comparison of Residents' Attitudes towards Tourism in 10 New Zealand Destinations"，*Tourism Management*，No. 3，1998，pp. 247 – 256.

⑤ Samuel Seongseop Kim，James Petrick F.，"Resedents' Perceptions on Impacts of the FIFA 2002 World Cup：The Case of Seoul as a Host City"，*Tourism Management*，In Press，Corrected Proof，Available Online 23 October 2003.

⑥ David Fisher，"The Demonstration Effect Revisited"，*Annals of Tourism Research*，Vol. 31，No. 2，2004，pp. 428 – 446.

之中。

第三，城市旅游形象及其定位研究。Bill Bramwell（1996）探讨
了伯明翰等 5 个英国老工业城市之间在世界性大城市形象方面的相似
性和差异性。Heidi Dahles（1998）指出，重建以本土文化为主体的
旅游形象，是将阿姆斯特丹打造成世界旅游中心之一的重要战略
选择。

国外城市旅游研究已相对成熟，研究成果也很多。上述研究只是
其研究的主要方面。除了城市旅游需求与供给、城市旅游影响与效
用，以及城市旅游形象及其定位研究内容之外，还有少量有关城市旅
游开发规划与管理、旅游线路、旅游信息等方面的研究。Alan A. Lew
教授，曾以中国香港为例，研究了城市在游览线路中的可能位置及其
在不同位置时的角色与作用。①

2. 国内研究内容分析

伴随着快速工业化与城市化的进程，我国旅游业得到了突飞猛进
的发展，城市作为我国政治、经济、文化、信息等活动中心也正日益
发挥着更加综合的功能。

改革开放以来，我国城市旅游便开启了其兴起与快速发展的历
程。城市旅游独特而优越的产业属性顺应了休闲经济时代对产业发展
的要求，可以进一步加快我国城市复兴与发展的进程。我国城市旅游
在历经了起步期（1978—1989 年）、夯实期（1990—1998 年）以及
初步成熟期（1999—2008 年）之后，迎来了其产业化成长期（2009
年至今）。现如今，人们重新赋予了旅游业更加丰富的内涵。② 旅游产
业不仅具有经济属性，旅游业更是我国社会、文化发展的重要组成部
分；③ 城市旅游业的蓬勃发展，可以为我国城市的复兴提供强大的推

---

① Alan A. Lew, Bob McKercher, "Trip Destinations, Gateways and Itineraries: The Exam-
ple of Hong Kong", *Tourism Management*, No. 6, 2002, pp. 609–621.

② 李扬:《中国旅游业到了一个新的发展阶段》, http://finance. people. com. cn/GB/
1645986. html。

③ 郭为、朱选功、何媛媛:《近三十年来中国城市旅游发展的阶段性和变化趋势》,
《旅游科学》2008 年第 4 期, 第 11—19 页。

动力。① 然而，城市作为旅游目的地与城市居民生活的共同场所，在特定背景下也呈现出了新的时代特征：城市旅游在促进城市快速发展的同时，也正毫不留情地将城市置身于纵横交错的矛盾之中，影响着城市旅游与城市发展的协调性与可持续性。伴随着城市旅游的高速发展，学术界也掀起了城市旅游研究的热潮。

第一，城市旅游基础理论研究。城市旅游的基础理论研究，主要包括城市旅游概念的内涵与外延，城市旅游的构成要素、性质等方面。古诗韵等指出，目前在"城市旅游"的概念上，学者们还尚未达成共识。② 学者宋家增认为，都市旅游多以商务、会议接待以及各种交流活动为主，是以都市风光、风貌与风情为特色的旅游。③ 张玲（2009）指出，城市旅游是游客以城市本身作为目的地，在城市内部及其周边所进行的各种旅游活动的总称。这种旅游活动不仅包括旅游者的物质消费活动，也包括旅游者的精神消费活动。④ 汪颖、傅广海归纳出了城市旅游的特点——整体性、多元性、带动性、统一性和参与性。⑤ 彭华（2000）认为，城市旅游的发展对提高其城市竞争力具有重大的战略意义。⑥

第二，城市旅游影响与效用研究。国外早在 20 世纪 80 年代就已经对旅游影响有了较为深入的研究，而国内对旅游影响的关注最早出现于 20 世纪 80 年代中期，对旅游影响真正有深入的研究是在 90 年代后期。虽然国内学者对旅游影响的相关研究起步较晚，但近年来，该研究成果在数量和质量上都有了明显的提高。由于我国发展旅游业的初衷主要是推动经济的发展，因此我国学者最早所关注的便是旅游

---

① 李强、罗光华：《三十年来中国城市旅游业评述：进展与悖论》，《现代城市研究》2013 年第 8 期，第 116—120 页。

② 古诗韵、保继刚：《城市旅游研究进展》，《旅游学刊》1999 年第 2 期，第 15—20 页。

③ 宋家增：《发展都市旅游之我见》，《旅游学刊》1996 年第 3 期，第 23—25 页。

④ 张玲：《城市旅游与旅游城市化》，《网络财富》2009 年第 8 期，第 61—63 页。

⑤ 汪颖、傅广海：《近十年来国内"城市旅游"与"旅游城市"研究综述》，《成都理工大学学报》（社会科学版）2010 年第 3 期，第 50—56 页。

⑥ 彭华：《关于城市旅游发展驱动机制的初步思考》，《人文地理》2000 年第 1 期，第 1—15 页。

业所产生的经济影响。国内学者的现有研究成果均显示旅游业对国家和城市经济的增长具有积极作用。苏继伟等（2005）利用回归模型对重庆市入境旅游对其城市 GDP 和第三产业的贡献率进行了测算，认为入境旅游对重庆国民经济特别是第三产业的发展起到了很大的促进作用。① 张丽峰（2008）的相关研究表明，城镇居民国内旅游对 GDP 和第三产业都会产生积极的影响，同时，随着旅游业的进一步发展与生态环境保护意识的增强，旅游的环境影响逐渐成为热点话题，相关研究也逐步走向深入。② 另外，由于旅游的社会属性，旅游者往往以其文化背景、行为方式等深刻地影响着旅游目的地的社会与文化，因此，旅游业对其目的地社会、文化的影响也引起了地理学、社会学甚至是人类学学者们的广泛重视。国内学者在研究旅游的社会、经济、文化以及环境影响时，大多都能注意到各种影响中积极与消极的因素。不过从现有研究成果来看，虽然很多学者在探讨旅游所带来的社会、文化影响时，都能从正、负两个方面辩证地看待这个问题，但从整体上看，更多学者还是更加倾向于研究旅游给目的地所带来的负面影响，对其积极意义则很少提及甚至不加考虑。旅游对目的地的正、负影响如表 2 - 1 所示。

表 2 - 1　　　　　　　　　旅游发展对目的地的正负面影响

	积极影响	消极影响
经济	• 赚取外汇、平衡收支	• 导致通货膨胀
	• 增加税收、带动地方经济发展	• 物资与服务短缺
	• 提供就业机会	• 地价与房价高涨
	• 增加居民收入并提高生活水平	• 因物价上涨降低居民生活质量
	• 改善经济结构、扩大投资	
	• 增加购物机会和场所	

① 苏继伟、邱沛光：《旅游业对地区经济发展的贡献分析》，《统计与决策》2005 年第 8 期，第 115—116 页。
② 张丽峰：《我国城镇居民旅游消费对经济增长影响的实证分析》，《消费经济》2008 年第 5 期，第 81—85 页。

续表

	积极影响	消极影响
社会	➤ 提高生活质量 ➤ 改善休闲与娱乐设施 ➤ 提高防火、防盗等防护能力 ➤ 促进社会和谐	➤ 卖淫与嫖娼现象增加 ➤ 赌博与酗酒现象增加 ➤ 走私与贩毒现象增加 ➤ 人际关系紧张加剧
文化	• 促进文化交流、增进民族了解 • 保存文化个性 • 增加文化史迹的展示 • 传承与创新当地特色文化	• 破坏古朴民风 • 加速文化、艺术等的商品化 • 加速地方特色文化的消失 • 价值观念与伦理道德的蜕变
环境	➤ 保护与美化自然环境 ➤ 保持生态平衡 ➤ 保护古建筑与文化古迹 ➤ 提升地方形象	➤ 增加交通压力 ➤ 空气与水污染增加 ➤ 噪声污染增加 ➤ 破坏野生动物生存栖息环境

资料来源：根据文献资料整理。

　　第三，城市旅游形象及其定位研究。城市形象提高与城市旅游业发展存在着相互影响、相互制约的关系。好的城市形象可以扩大城市对潜在旅游者的吸引力，增加招徕游客的数量；反过来，因城市旅游业的发展所带来的城市基础设施的完善、城市环境的改善以及城市服务质量的提高又都是城市形象得以提高的具体表现。因此，打造独特且有招徕力的城市形象是城市旅游发展的关键因素。学者金卫东指出，城市旅游形象是旅游者对城市所产生的总体印象，这种印象来源于城市旅游者对城市硬环境和包括城市自然环境、民俗民风以及服务态度等在内的软环境的深度体验。白祖诚（1994）在大量案例研究的基础上，提出独特且美好的城市形象是城市吸引力与影响力的重要来源。李蕾蕾（1997）认为，旅游口号是城市招徕并留住游客的关键；面对新的时代背景与旅游业发展的新业态，城市孤立且有限的旅游景点早已不足以满足旅游者的需求，更不足以支撑整个城市旅游业的发展。因此，塑造良好的城市整体形象是城市旅游业发展的必然选择。夏学英认为，重视城市形象对旅游的导向性，使城市旅游形象更好地促进城市社会、经济与环境的发展，是目前城市形象研究的新课题。① 白雪（2009）指出，城市重大节庆活动是城市旅游形象得以宣传与推广的重要手段。②

第四，城市旅游综合实力与竞争力研究。在高速发展和激烈竞争共存的背景下，城市旅游综合实力与竞争力研究，也就顺理成章地成为学者们研究的热点。相关研究成果中，除了少部分是理论分析以外，大多都采用数学方法对具体城市进行实证研究。丁蕾、吴小根等（2006）从软、硬竞争力两个角度，构建了包括环境竞争力、人才竞争力、制度竞争力、开放竞争力、设施竞争力、业绩竞争力和经济竞争力在内的城市竞争力评价指标体系，并运用 AHP 模型，对南京市的城市旅游竞争力展开了实证研究。③

另外，在城市旅游开发与管理方面，学者彭华强调了城市旅游发展过程中对目的地城市文化开发的重要性。④ 尚文生等⑤、刘岚和郑雅惠⑥研究了城市旅游与城市发展之间的互动关系以及城市形象对城市旅游与城市本身发展的重要作用，指出城市旅游发展规划要与城市整体规划相统一，城市整体规划要为城市旅游业的发展留足空间，城市旅游与城市本体要共同、协调发展。

（三）城市旅游研究述评与展望

1. 国内外城市旅游研究述评

随着时间的延续，国外学者对城市旅游的研究呈现出研究内容逐步细化、研究领域不断拓展、研究体系不断完善的特点。其中，有关城市旅游需求与供给、城市旅游的影响与效用以及城市旅游的形象及其定位方面的研究成果为我国学者的相关研究提供了理论基础。特别

① 夏学英：《论城市形象的旅游导向性》，《经济地理》2002 年第 5 期，第 620—623页。

② 白雪：《餐饮节庆对城市旅游形象塑造研究——以成都国际美食旅游节为例》，《知识经济》2009 年第 9 期，第 85 页。

③ 丁蕾、吴小根、丁洁：《城市旅游竞争力评价指标体系的构建及应用》，《经济地理》2006 年第 3 期，第 511—515 页。

④ 彭华：《关于旅游地文化开发的探讨》，《旅游学刊》1998 年第 1 期，第 43—46 页。

⑤ 尚文生、欧阳燕红：《论城市旅游规划与城市规划的相互协调》，《人文地理》1998年第 2 期，第 46—49 页。

⑥ 刘岚、郑雅惠：《城市规划中的城市旅游规划的新探讨——以武汉城市旅游为例》，《艺术与设计》（理论）2007 年第 2 期，第 61—63 页。

是 Lawson 等（1998）①的观点，对研究我国城市旅游业的有关问题仍
具有很好的借鉴作用，对本书的研究也有很大的启发。我国城市旅游
研究正逐步走向成熟，学者们从不同学科角度，运用不同学科的方法
对城市旅游进行综合研究，取得了较为丰富的研究成果。然而，由于
城市旅游相关核心概念尚未逐一明确，现有研究成果主要集中于带有
诠释性论证特征的业务性议题，而学术水平较高的理论研究成果却并
不多见。现有城市旅游管理、旅游对城市文化、环境以及社会影响等
相关研究还不够深入，缺乏对深层次影响因素和机制的探讨。在新的
时代背景下，高速的城市化、膨胀的旅游需求，凸显了城市建设与发
展中的各种矛盾，也加大了旅游业持续快速发展的难度，这些实践中
的困难都迫切需要成熟的城市旅游基础理论加以指导。

2. 我国城市旅游研究展望

城市旅游的复杂性及其影响的深远性，对我国城市旅游研究提出
了更高的要求。

第一，城市旅游基础理论研究。城市旅游的所有研究都只有立足
于科学的"城市旅游"概念本身，才可能更好地指导城市旅游的发
展，因此，要优先加大对城市旅游内涵与外延的研究。要分析城市旅
游者行为中所隐含的心理规律，打造符合游客需求的城市旅游吸引
物，还必须借助于经济学、心理学、传播学以及社会学等学科的理论
与研究方法来构建城市旅游研究的方法论体系。虽然广泛应用量化方
法已是人文社会科学的一个国际性发展趋势，但是应该清楚认识到：
任何定量研究的结果若要在逻辑上没有漏洞，都需要用定性的语言加
以描述和解释。②因此，在借鉴并学习国外科学研究方法与优秀理论
成果的同时，我国城市旅游研究要综合运用经验分析、学科交叉分
析、规范与实证相结合等多种研究方法，不断丰富和完善我国城市旅
游研究的方法体系。

① Lawson R. W., Williams J., Young T., Cossens J., "A Comparison of Residents' Attitudes towards Tourism in 10 New Zealand Destinations", *Tourism Management*, No. 3, 1998, pp. 247-256.

② 保继刚、张骁鸣：《1978 年以来中国旅游地理学的检讨与反思》，《地理学报》2004年增刊，第132—138 页。

第二，城市旅游需求与供给研究。在城市旅游的需求与供给方面，国际客源的相关研究备受我国学者关注，也取得了丰富的研究成果。与我国"入境旅游市场—国内旅游市场—出境旅游市场"发展的先后顺序相吻合，在未来我国城市旅游需求与供给研究中，还应更加关注我国充满潜力、庞大的国内市场。随着国民休闲旅游需求的日益增长，国内商务、会议交流的不断增多，更应该进一步加大对国内客源市场的研究。在国民休闲旅游时代，在城市中把旅游者与本地居民截然分开是很难也是不科学的。在动机和行为上，很难将城市旅游者与城市居民有效地区分开来，旅游者是假日中的居民，而居民则为短途旅游者；在资源利用上，旅游者与城市居民共用街道、商场、文化景观等城市公共设施，他们之间在消费上存在互动交杂和社会融合；旅游管理上，城市旅游者与本地居民之间更是不可分割的利益相关者。因此，在特殊的时代背景下，有关城市旅游的需求与供给研究必须同时考虑国际、国内游客以及当地居民三个方面的因素；要把城市整体作为旅游吸引物与旅游产品加以打造。

第三，城市旅游影响与可持续发展研究。与其他区域相比，城市系统更加庞杂，城市生态尤为脆弱，城市环境更容易遭受污染且治理难度最大。虽然旅游业是无烟产业，但这并不是说旅游业就是无污染产业。目前，我国城市发展中各种矛盾不断涌现；旅游业发展所带来的文化冲击也威胁着我国城市优秀传统文化的传承与创新，为了在发展城市旅游业，满足民众日益增长与不断变化的旅游休闲需求的同时，实现城市政治、经济、社会、文化与环境的综合与可持续发展，还必须加大对城市旅游影响的研究。

第四，城市旅游开发和管理研究。城市旅游的综合性、关联性、复杂性，城市资源的稀缺性以及城市生态环境的脆弱性加大了城市旅游开发与管理的难度。虽然我国各级政府都已高度认识到完善我国城市旅游开发与管理的重要性，也出台了相关的法规与政策，采取了一系列积极有效的措施；我国学界在城市旅游开发和管理方面也取得了较为丰富的研究成果。但是，鉴于我国特殊的国情，不同的城市特色与发展水平，崭新的城市旅游发展业态不断出现，仍应持续加大对我国城市旅游开发与管理的研究。

必须指出，在旅游业蓬勃发展的过程中，由于旅游环境保护工作滞后，城市生态环境日益受到破坏。与此同时，工作、生活节奏日益加快，导致人们回归自然、放松身心意愿的与日俱增。因此，要求城市旅游研究多元化，既要研究日益增长的休闲旅游需求对城市人流、物流和城市经济结构可能产生的影响；又要探索增加民众旅游休闲机会的途径；还要为城市环境的保护与美化提供更加丰富与科学的理论支持。[①]　总之，城市旅游研究任重道远。

二　国内外城市软实力研究综述

20 世纪 90 年代初，美国哈佛大学教授、国际关系理论界新自由主义学派的代表约瑟夫·奈，最早提出并阐述了"软实力"概念。此后，便掀起了软实力研究的热潮。目前，国内外软实力、国家软实力、国家文化软实力的研究成果较多，而软实力在城市层面的相关研究还较少。21 世纪的竞争终究还是城市的竞争，这种竞争不仅仅只是城市之间在"硬实力"上的比拼，更是城市之间在"软实力"上的抗衡。如果不对城市软实力给予足够的重视，忽略对城市软实力基础理论的研究和全面把握，城市就不可能取得更快更好的发展，也不可能在国内外竞争中脱颖而出。

（一）国外城市软实力研究

虽然"软实力"的概念来源于国外，但"城市软实力"却是"软实力"概念在我国本土化后的产物。文献检索结果显示，虽然目前很少有国外学者对"城市软实力"做专门研究，但国外"城市竞争力"相关研究中却不乏"软实力"的因素。早在 20 世纪 80 年代，美国的彼得教授在解释城市竞争力时就参考了现代经济增长理论，他认为城市竞争力（UC）= f（经济因素，战略因素）。其中，经济因素包括区位、基础设施、生产要素、经济结构以及城市环境，而战略因素则是发展战略、政府效率、制度灵活性和公私合作的综合表现。目前，城市竞争力影响因素、城市竞争机制、城市竞争力评价指标体系以及城市竞争力提升战略 4 个方面共同构成了国外城市竞争力研究

---

① 汪德根等：《1980—2009 年国内外旅游研究比较》，《地理学报》2011 年第 4 期，第 535—548 页。

的主要内容。Markusen（1996）认为，作为场所类型之一，能否在保留已有投资和人才的同时，还能吸引其他的投资和人才是衡量城市竞争力的关键所在。也有学者认为，国际化城市应该同时具备良好的交通与通信设施、较高水平与素质的劳动力、公私部门间的良好合作、城市间密切的联系与交往等要素。Loleen Berdahl（2002）将较高的生活质量；个性与文化的多样性；较强的吸引力；安全且可持续的环境；有竞争力的税率和措施；高质量的服务和基础设施等作为衡量城市有无竞争力的重要标准。也就是说，在软实力理论之外，城市竞争力理论也是"城市软实力"的重要理论来源。在早期的研究中，国外学者们就已经认识到，除了传统的区位因素之外，软性的生活质量、文化、环境、服务水平以及对知识的获取等要素，也已经成为影响现代城市竞争力大小的重要因素。

（二）国内城市软实力研究

1. 城市软实力研究的源起

国内城市软实力研究源起于两种理论——城市竞争力理论与软实力理论。在城市竞争力的相关理论研究中，虽然没有明确的"城市软实力"字样，但或多或少都可以找到"软实力"的影子，软实力实实在在地存在于城市竞争力这一综合体系之中。20 世纪 90 年代初，我国学者在国外研究成果的基础上开始了"软实力"的"中国化"。关于软实力，除了国家软实力、国家文化软实力的提法与研究之外，国内学者还对区域软实力、城市软实力、企业软实力甚至个人软实力进行了较为深入的探讨与研究。

2. 城市软实力研究的内容

第一，城市软实力概念及其内涵研究。学者倪世雄（2001）开创性地区分了城市竞争力的硬实力与软实力，为城市软实力的研究奠定了基础。[①] 陈志等（2008）认为城市软实力归纳为城市文化、社会以及环境软实力之和并进一步对城市"文化软实力"、城市"社会软实力"和城市"环境软实力"进行了概念的界定。学者马庆国等

---

① 张文杰、周静：《城市软实力国内研究简述》，《艺术文化交流》2013 年 11 月下半月刊。

（2007）也认为城市软实力是多种力量之和，这些力量来源于城市的文化、民众、管理等非物质要素，这些力量更是拓展与协调城市运作系统，美化与传播城市形象，全面提高城市竞争力的强大动力。学者陶建杰（2010）基于"国家软实力"理论，运用"投射"法提出：城市软实力是城市在竞争中，建立在城市文化、城市环境、城市人口素质以及城市社会和谐等非物质要素之上的，包括文化号召力、环境舒适力、社会和谐力、形象传播力、城市凝聚力等在内的一种合力。[①]

　　第二，城市软实力资源要素研究。基于"城市软实力"这一概念是在"国家软实力"的基础之上演变而来的，国内学者在界定"城市软实力"的概念时，也大多采取的是"投射法"，即将"国家软实力"的资源要素结合城市自身的特点转变而来。所以，在这里有必要先简单梳理一下学者们关于软实力资源要素的研究。从软实力研究的历程来看，其资源要素经历了一个不断拓展的过程。约瑟夫·奈指出，一个国家的软实力是建立在多种资源或载体的基础之上的。在借鉴国外相关研究的基础上，国内学者王沪宁、阎学通、倪世雄、门洪华等也对国家软实力构成要素进行了研究。北京大学中国软实力研究课题组指出，国家软实力资源包括反映国家意识形态的文化、国内政策所蕴含的政治价值观、外交政策、制度以及国民素质共五个方面。[②]门洪华强调了观念、文化、发展模式、制度以及形象等对国家软实力建设的核心作用。[③]郭学堂等学者将软实力的构成要素分为国内与国外两个方面，他认为，软实力要素既来源于国内先进的体制机制、良好的国民素质，又来源于国家文化与价值观对外传播的力量，二者共同构成软实力的资源要素。[④]马庆国、楼阳生等（2007）认为，城市软实力从属于区域软实力，是建立在文化、政府管理服务等非物质要

　　① 陶建杰：《城市软实力及其综合的评价指标体系》，《上海城市管理》2010年第5期。

　　② 北京大学中国软实力研究课题组：《软实力在中国的实践》，北京大学"中国软实力"网。

　　③ 门洪华：《中国软实力评估报告》（上、下），《国际观察》2007年第2期。

　　④ 郭学堂：《中国软实力建设中的理论和对策新思考——兼论中国的公共外交》，《社会科学》2009年第2期。

素之上文化感召力、政府公信力、居民创造力、特色和对外界吸引力等力量的总和。① 学者陶建杰（2010）提出城市软实力由城市自然环境、城市文化资源、城市人口素质以及城市社会和谐四种资源要素作为其存在与建设的基础。张怀民等（2013）则认为，城市软实力是由城市人文精神、文化产品供给、公共管理、人口素质、人居环境和外界形象等多方面有机组成的统一的综合体。

第三，城市软实力量化与评价研究。学者马庆国等（2006）所提出的区域软实力评价指标体系包括 4 个一级指标和 23 个二级指标。陈志（2008）的城市软实力评估模型包括内部和谐力、基本效应力、综合创造力以及外部影响力等多个指标。庄德林等（2009）从城市文化、城市管理、城市创新等维度，构建了都市软实力的评价指标体系。陶建杰（2010）则以文化号召力、教育发展力、环境舒适力、城市凝聚力、社会和谐力、政府执政力、形象传播力以及区域影响力八大资源要素为基础，构建了包含 8 个维度、3 个层次、44 个具体指标在内的城市软实力评价指标体系。②

第四，城市软实力提升路径研究。张笃勤等（2009）通过对我国城市软实力建设动态的研究，提出从树立文化强市观念，增强文化产业扶持力度、提高文化软实力，促进城市社会和谐、增强城市凝聚力，改善宜居创业环境、提高政府公信力和加大人才培养、建立高素质人才队伍等方面来提升武汉城市软实力。③ 胡星（2011）提出从塑造城市文化形象，完善公共服务体系、提高市民素质，大力发展旅游业，加大人才培养，做大做强文化产业等几个方面来建设武汉市文化软实力。张怀民等（2013）从落实文化产业集群战略，打造特色城市文化标签，建立城市文化教育长效机制，推进政府、社会与市民的良

---

① 马庆国、楼阳生等：《区域软实力的理论与实践》，中国社会科学出版社 2007 年版。

② 陶建杰：《城市软实力及其综合的评价指标体系》，《上海城市管理》2010 年第 5 期。

③ 张笃勤、但瑞华：《国内软实力研究现状与武汉软实力建设对策》，《长江论坛》2009 年第 2 期，第 22—30 页。

性互动等方面来建设武汉城市软实力。① 另外，也有学者从培育公民意识的角度来探讨城市软实力的提升路径。

（三）国内外城市软实力研究述评与展望

1. 国内外城市软实力研究述评

综合国内外学者对城市竞争力与城市软实力的研究成果，不难发现有关城市实力的研究，经历了一个由"硬"到"软、硬结合"的转变过程，从而使有关城市竞争力与城市软实力的研究成果也日渐丰富。但从整体来看，城市软实力的研究对象有待进一步拓展，研究内容还需进一步细化，研究方法也有待不断提高。另外，在城市软实力基础理论研究之上，深入探讨城市软实力与相关行业的内在联系、作用方式等的研究还尚未触及。

2. 国内城市软实力研究展望

通过城市软实力文献研究发现，当前城市软实力研究呈现出如下特点：第一，城市软实力关系的基础理论研究不够深入。到目前为止，学者们对城市软实力的概念、资源要素、生成机理以及评价指标等都尚未形成较为统一的认识。第二，大多从对外关系的视角来审视城市软实力（当然这与城市软实力源起于国家软实力与城市竞争力理论不无关系），缺乏在新的时代背景下从软实力层面对城市发展根本目的的探讨。第三，往往将城市软实力与文化结合在一起，也有学者直接将"城市文化软实力"等同于"城市软实力"，将"城市软实力"的构建过多地限于文化。基于上述特点，未来城市软实力研究应从以下几个方面继续努力：第一，把建立城市软实力理论体系作为研究重点之一，从系统的角度，融合经济学、文化学、传播学、社会学、人类学等多学科知识，进一步深化城市软实力理论体系；第二，深入探讨城市软实力与相关行业的关联性、贡献性；第三，加强有关城市软实力实践问题的对策研究。

三　城市旅游与城市软实力关系研究综述

虽然在文献检索结果中基本上找不到专门研究城市旅游与城市软

---

① 张怀民、杨丹：《城市文化软实力提升路径选择：武汉文化软实力发展研究》，《科技进步与对策》2013 年第 5 期。

实力的文献，但随着城市旅游实践的深入，国内外学者逐渐意识到了旅游发展对城市经济社会发展的重要性，开始了对城市自身发展与城市旅游发展之间关系的探讨。学者于英士（1994）最早展开了对"大城市建设与旅游业发展关系"的探讨，并认为，现代旅游不单单只是市场经济的产物，也是城市快速发展的产物，城市特别是大城市深刻影响着某一区域，甚至整个国家旅游业的发展方向与水平。[①] Jansen – Verbeke（1985）认为，城市设施、城市形象等要素具有很大的旅游价值，进而对如何更好地实现城市与旅游业的协调发展进行了深入研究。[②] Mullins（1991）通过"旅游城市化"的概念，将城市建设与旅游发展联系在了一起。[③] Law（1993）认为，旅游者行为决策的关键在于城市的声望及其吸引力，将城市特征纳入到了城市旅游发展的诸多要素之中。[④] 彭华等（1999）对城市建设与城市旅游一体化问题展开了研究。[⑤] 保继刚（2002）通过对城市旅游发展动因的研究，发现城市发展水平及其文化氛围等因素对城市海外旅游发展具有促进作用。[⑥] 翁钢民等（2010）对城市旅游与城市生态环境的协调发展进行了探讨。[⑦] 虞虎、陆林等（2012）指出，旅游主要在优化城市产业结构、增强城市文化交流、提升城市整体形象等方面促进城市发展，旅游与城市的融合发展具有动态互利性。[⑧] 罗文斌、谭荣（2012）

---

① 于英士：《北京建成现代化国际旅游城市》，《旅游学刊》1994 年第 1 期，第 13—15 页。

② Jansen – Verbeke M.，"Leisure，Recreation and Tourism in Inner Cities：Explorative Case Studies"，*Netherlands Geographiucal Studies*，No. 58，1985，pp. 109 – 111.

③ Mullins P.，"Tourism Urbanization"，*International Journal of Urban and Regional Research*，No. 3，1991，pp. 326 – 342.

④ Law C. M.，*Urban Tourism：Attracting Visitors to Large Cities*，London：Mansell，1993.

⑤ 彭华、钟韵：《关于旅游开发与城市建设一体化的初步探讨》，《经济地理》1999 年第 9 期，第 111—116 页。

⑥ 保继刚：《广东城市海外旅游发展动力因子量化分析》，《旅游学刊》2002 年第 1 期，第 44—48 页。

⑦ 翁钢民、鲁超：《旅游经济与城市环境协调发展评价研究——以秦皇岛为例》，《生态经济》2010 年第 3 期，第 28—31 页。

⑧ 虞虎、陆林、朱冬芳、曾琪洁：《城市旅游到城市群旅游的系统研究》，《地理科学进展》2012 年第 8 期，第 1103—1110 页。

通过对城市旅游发展与城市本体建设协调性概念的界定，构建了二者之间协调性的评价指标体系，并运用 TOPSIS 法对杭州市进行了实证分析，其结果表明，伴随着城市的进步与发展，杭州城市旅游与城市发展存在着同步推进的规律，并且这种协调状态可以朝着理想最优方向持续推进。与此同时，该研究也强调，两者之间的协调状态也存在"恶化"的风险，需要密切关注。①

（一）相关核心概念界定的缺陷

到目前为止，尚未对城市旅游、城市软实力的概念做出权威的统一界定，各种提法众说纷纭、各有侧重。这种理论上概念的不统一，极容易造成实践中边界的不明确，存在着明显的理论不足。之所以出现相关核心概念的不统一，其原因是多方面的。首先，城市旅游与城市软实力是在旅游业大发展和城市化加速的大背景下日渐引起学者们关注的，对城市旅游特别是城市软实力研究的时间还不是很长，研究成果也比较有限，而概念的共识往往是在较长的研究中才能实现的。其次，不同学科视角和切入点导致对城市旅游与城市软实力的属性和特征理解各有不同，不同语境也会形成不同的表述方式。除此之外，另一个非常重要的原因是由于城市旅游与城市软实力本身的复杂性与动态性，人们对城市旅游与城市软实力概念的界定，需要一个长期的、递进的由现象描述到特征阐释再到本质概括的逐层深入的过程。

（二）旅游与城市互动关系研究的不足

在早期的"旅游与城市发展关系"研究中，国外学者更多的是研究城市的兴起与发展对旅游业发展的促进作用，而有关旅游对城市发展影响的研究却不是很多。20 世纪 80 年代以来，国内外学者日益关注旅游业的蓬勃发展对城市所产生的影响，但和城市旅游的影响研究一样，学者们更多的是侧重于旅游业发展对城市的某一方面，特别是城市经济的影响，而包括城市社会、文化等在内的研究却没有得到均衡的重视。另外，城市旅游与城市的发展本身就是一个互动的过程。

---

① 罗文斌、谭荣：《城市旅游与城市发展协调关系的定量评价——以杭州市为例》，《地理研究》2012 年第 6 期，第 13—15 页。

也就是说，在发展的过程中两者的影响是双向的。因此，在研究城市对旅游影响的同时，也要研究旅游对城市的影响。此外，还要密切关注二者发展中不可避免的矛盾性。

（三）旅游与城市软实力关系研究的缺失

由于城市旅游与城市软实力相关概念、基础理论研究的不足，旅游与城市发展互动关系研究的欠缺进一步导致了城市旅游与城市软实力互动关系研究的缺失。众所周知，旅游业发展与城市软实力建设之间的关系早已客观存在，只是在城市旅游业蓬勃发展、城市软实力地位日益凸显的当下，两者之间的关系日趋复杂和明显。为了能够更好地了解城市旅游与城市软实力建设的协调状态，更好地服务于城市旅游发展与城市本体建设，提高广大民众的生活质量，对城市旅游与城市软实力建设之间的内在契合性、影响因素及其评价等方面展开深入研究，是十分必要的，也将具有广阔的前景。

第二节　相关理论基础

一　软实力理论

（一）软实力的源起

哈佛大学教授、国际关系理论界代表人物约瑟夫·奈在其《美国定能领导世界吗——美国权力性质的变迁》一书及"Soft Power"一文中，明确提出并阐述了"软实力"概念。此后，软实力理论便成了国际论坛关注的热点。20世纪90年代初，我国学者在国外研究成果的基础上，开始了"软实力"的"中国化"研究。在理论研究与实践探讨的共同作用下，我国软实力研究已经开始受到理论界的高度关注。

（二）软实力的内涵

继1990年软实力概念提出以来，奈教授对"软实力"概念进行了不断完善。在奈教授看来，软实力是指一国通过吸引和说服别国服从本国的目标，从而使本国得到自己想要的东西的能力。① 国内学者王沪宁、阎学通、陈志、马庆国等，也对软实力概念作了深入的研究。通过对存量研究成果的学习，本书认为，国家软实力主要指一国在国家优秀文化、较高人口素质、国内制度与外交政策以及国家形象等基础上形成的对国内民众的凝聚力和对国外民众的吸引力、感召力、说服力以及影响力。国家软实力具有客观性、主体间性、相对性、来源途径的多元性等多种特征。

（三）软实力的资源要素

在国家软实力资源要素这一问题上，国内外学者也存在较大差异。约瑟夫·奈指出，一个国家的软实力是建立在多种资源或载体的基础上的，一个国家的软实力资源主要包括该国的文化、（当这个国家在国内外努力实践这些价值观时的）政治价值观以及（当政策被认为合法且具有道德威信时的）外交政策。② 在借鉴国外研究的基础上，国内学者王沪宁③、倪世雄④、阎学通⑤、门洪华等也深入探讨了国家软实力的资源要素。总的来说，北京大学中国软实力研究课题组和学者门洪华关于"国家软实力"资源要素的观点基本一致且较为深入和全面。在这里，本书将国家软实力资源要素归纳为国家文化、价值观念、发展模式、制度（国内制度与国际制度）以及国家形象（国内形象与国际形象）五个方面，并且这五个方面实际上是相互交织、无法完全机械分开的。

（四）软、硬实力关系

作为国家综合实力的重要组成部分，国家软实力与国家硬实力之间相互促进、相互影响。首先，国家软实力与国家硬实力具有共同

① Joseph S. Nye, Jr., "The Changing Nature of World Power", *Political Science Quarterly*, Vol. 105, No. 2, 1990, pp. 177 – 192.

② 约瑟夫·奈：《软力量——世界政坛成功之道》，吴晓辉、钱程译，东方出版社2005年版，第10—11页。

③ 王沪宁：《作为国家实力的文化：软权力》，《复旦大学学报》（社会科学版）1993年第3期，第93—94页。

④ 倪世雄等：《当代西方国际关系理论》，复旦大学出版社2001年版，第392—394页。

⑤ 阎学通、徐进：《中美软实力》，《现代国际关系》2008年第1期。

性，两者都以特定资源要素作为存在与建设的前提和基础。其次，国家软实力与国家硬实力相辅相成、相互促进。硬实力是软实力的基础，软实力的提高与增强也可以进一步促进硬实力的增强，软实力与硬实力具有共时性的特点，两者要同时建设。再次，软实力与硬实力相互影响、相互制约。硬实力使用不当，会削弱国家软实力；反过来，如果软实力的建设与提高跟不上硬实力发展的需要，也会在很大程度上阻碍硬实力的增长。最后，软实力具有相对独立性。软实力的相对独立性不仅指的是软实力对硬实力的反作用，还指硬实力的增强并不必然带来软实力同等水平的提高。因此，在提高硬实力的同时，必须大力加强国家软实力建设。

（五）软实力生成机理

软实力的生成机理主要包括四个方面的内容。第一，软实力资源是软实力的基础。第二，软实力资源并不等同于也不会自动转换成软实力。国家软实力是由国家软实力资源、资源的转化及转化结果三部分组成的有机整体。也就是说，在软实力资源相对稳定的前提下，能否对资源进行有效转化是决定国家软实力大小和强弱的关键。① 第三，软实力根源于国家内部。软实力具有"内驱性"的特点，即软实力建设与提高的根本还在于国家软实力资源的建设和国家对软实力资源运用、传播以及转化能力的提高。第四，国家软实力形成于国家与国际社会的良性互动，良好的互动效果，可以更好地将软实力资源转化为现实的国家软实力；反之亦然。

二 城市竞争力理论

有关城市竞争力的定义，目前最具代表性的主要有 WEF－IMD 的国际竞争力理论、波特的国家竞争优势理论、倪鹏飞的弓弦箭模型，以及宁越敏等的城市竞争力模型等。

（一）国际竞争力理论

在世界市场上，与其他竞争对手相比，能均衡地生产出更多财富的国家便更具国际竞争力。这就是 World Economic Forum（WEF）和 International Institute For Management Development（IMD）的国际竞争

---

① 孟亮：《大国策：通向大国之路的软实力》，人民日报出版社 2008 年版。

力理论。① 20 世纪 90 年代，在原有十大评价指标要素的基础上，根据新的研究内容和定义，该理论认为，国际竞争力来源于包括国家经济实力、金融环境、国际化程度、国民素质等在内的八类要素。WEF - IMD 对全球各国国际竞争力的比较研究，不仅应用了定性研究，也用到了定量研究；既有理论论述，也有数据分析，充分而详细地描述了各国竞争力的变化过程。WEF - IMD 的国际竞争力理论也因此而蜚声世界。②

（二）国家竞争优势理论

波特在已有研究成果的基础上，提出了著名的"钻石模型"理论。③ 他指出：在国家层面上，"竞争力"的根本且唯一意义就是国家生产力。民众生活水平的提高，需要企业不断创造和提高生产力。④波特主要阐释了国家经济环境、组织、机构与政策对产业竞争的作用，并探讨了国家产业竞争优势得以维持的因素。波特认为，国家竞争优势由"钻石因素"和附加因素共同决定。其中，"钻石因素"包括需求条件、生产要素、企业战略以及竞争对手等，另外，机遇和政府的作用也很重要。在钻石理论中，波特特别强调，如今的竞争正处于动态多变之中，在基础科技迅速扩散、交通通信成本降低的情形下，单纯依靠生产活动向廉价地区的迁移已不能维持长时间的竞争优势。企业竞争优势得以长久保持的唯一方式还在于不断地创新和升级，而创新的基础则依赖于强大的科研能力和高素质的劳动力。其模型如图 2 - 1 所示。

（三）弓弦箭模型

倪鹏飞在《中国城市竞争力报告 NO.3》中，将我国城市竞争力指标体系归为"显示性指标体系"和"解释性指标体系"两大类别。其中，城市综合生产率、城市综合人均收入水平、城市综合环境资源成本节约等六大指标构成了城市竞争力的显示性指标体系；而城市竞

---

① IMD, World Competitiveness Yearbook, 2003.

② 姜杰、张喜民、王在勇：《城市竞争力》，山东人民出版社 2003 年版，第 31—40 页。

③ 迈克尔·波特：《国家竞争优势》，华夏出版社 2002 年版，第 116—117 页。

④ 同上书，第 5—6 页。

争力的解释性指标体系则由"硬竞争力指标体系"和"软竞争力指标体系"两个板块构成。可见，我国学者也将城市竞争力明确地分为软、硬两个方面，进一步推进了城市竞争力理论的发展，也为城市软实力的诞生与深化提供了理论依据（其模型如图2-2所示）。

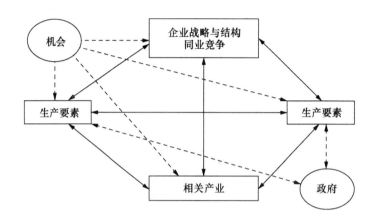

图 2-1 波特的钻石理论模型

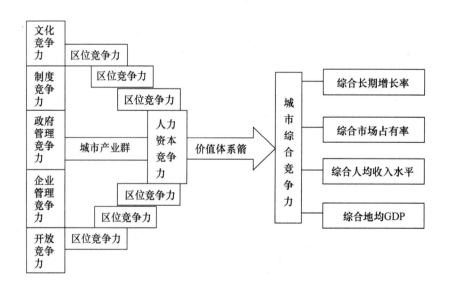

图 2-2 倪鹏飞的弓弦箭模型

（四）城市竞争力理论模型

学者宁越敏等强调了城市经济、科技、产业以及企业在城市竞争力构成要素中的重要地位。另外，城市环境、基础设施、金融政府作用、开发程度、国民素质等因素也是城市竞争力增长的重要支撑①（其模型如图 2 - 3 所示）。

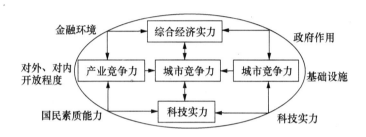

图 2 - 3　宁越敏等的城市竞争力模型

国内外竞争力研究的同质化，反映出各个国家和地区竞争力战略由单纯关注经济实力向增强综合竞争力，实现软、硬实力统筹的转变；软竞争力也随之登上了竞争力的舞台。②

三　城市软实力理论

（一）城市软实力概念

随着"软实力"概念的诞生、软实力研究的逐步深入以及软实力建设国家战略地位的确立，软实力研究的范围得到了很大的拓展，"国家文化软实力"、"区域软实力"、"城市软实力"等研究相继得以开展。现有研究成果中，学者们从不同的角度赋予了"城市软实力"丰富的内涵（见表 2 - 2）。

通过比较、分析和深入思考，本书比较赞同学者陶建杰对城市软实力的理解。

---

① 宁越敏、唐礼智：《城市竞争力的概念和指标体系》，《现代城市研究》2001 年第 3 期，第 19—22 页。

② 陈志、杨拉克：《城市软实力》，广东人民出版社 2008 年版，第 54—56 页。

表 2 - 2   城市软实力概念汇总

学者	城市软实力概念观点	备注
倪鹏飞	开创性地将城市竞争力分为"城市硬力"和"城市软力"两个部分，为"城市软实力"的研究奠定了基础	较早引入
陈志等	城市软实力是一种合力，这种合力来源于城市优秀的文化、城市良好的环境以及城市和谐的社会形态等	
马庆国	城市软实力是多种力量之和，这些力量来源于城市的文化、民众、管理等非物质要素，这些力量更是拓展与协调城市运作系统，美化与传播城市形象，全面提高城市竞争力的强大动力	比较完整
陶建杰	基于"国家软实力"理论，运用"投射"法，提出：城市软实力是城市在竞争中，建立在城市文化、城市环境、城市人口素质以及城市社会和谐等非物质要素之上的，包括文化号召力、环境舒适力、社会和谐力、形象传播力、城市凝聚力等在内的一种合力①	比较全面

（二）城市软实力资源要素

城市软实力主要由城市自然环境、城市文化资源、城市人口素质以及城市社会和谐这四种资源要素构成。本书城市软实力资源要素构成中的"城市自然环境"主要指城市硬环境，部分城市的自然环境是这些城市发展的必要条件，如西湖之于杭州、趵突泉之于济南等。文化资源是城市发展文化软实力的基础，拥有较多文化资源的城市，在建设软实力时，会具有较好的先天优势，最终实现软实力效果的可能性也较大。如西安的文物古迹、丽江的东巴文化、吐鲁番的异域特色、上海的欧化生活习惯，这些都是上述城市软实力建设的宝贵资源。人口素质是城市软实力的关键资源。人口素质是一个城市的人口在体力、智力、科技、道德等因素的综合状况。城市人口素质是城市发展的现实与潜在资源，其高低影响着城市资源的转化、城市政策的推行以及城市社会的和谐，是城市未来发展方向的关键性决定因素。城市社会和谐是城市各组成部分、各阶层以及各种要素之间存在的一

---

① 陶建杰：《城市软实力及其综合的评价指标体系》，《上海城市管理》2010 年第 5 期。

种相互协调的状态，彰显着城市的活力与魅力。①

（三）城市硬实力与城市软实力的关系

在城市软、硬实力关系上存在着相辅相成论、决定论、独立论等多种论断。现有论断都从某一个或几个特定方面强调了城市软实力与硬实力之间的关系，这些观点有其科学性但都不够全面。本书认为，城市软实力与硬实力之间存在共生兼容与动态互馈关系的同时，还有着非均衡对称与相对独立的关系。一方面，城市软实力与硬实力共生于一个城市之中，一定的城市软实力与一定的城市硬实力相对应而存在，相联系而共生，相互渗透，彼此兼容。城市硬实力是城市软实力建设的基础，城市软实力的变化也会对其硬实力的强弱产生相应的影响。城市软、硬实力之间的关系随时空条件不同始终处于不断变化且动态互馈之中，两者共同构成了一个城市的综合竞争力。而另一方面，尽管城市软实力与其硬实力之间相互对应、紧密联系，但彼此之间并非简单线性相关，而是复杂的非均衡对称。在关注城市软实力对硬实力依附性的同时，还应重视软实力的相对独立性。软实力的相对独立性不仅仅指的是软实力对硬实力的反作用，还指硬实力的增强并不必然带来软实力同等水平的提高。因此，在提高城市硬实力的同时，必须大力加强对城市软实力的建设。

（四）城市软实力生成机理

城市软实力具有复杂、动态的多维权变结构，借鉴社会心理学和大众传播学的理论，分析国内外软实力与国内城市软实力建设的成功案例，本书将城市软实力的生成机理概括为"经济为根，内容为魂，传播至上"。

1. 城市软实力是特定时期城市经济水平的真实反映

城市软实力作为文化和意识形态的力量，对城市经济基础有着强烈的、须臾不离的依存性。人类历史上的一切文化都起源、生长于特定的社会生活，而一切生活活动都必然以物质生产为经济基础，物质生产活动也为文化活动提供必要的前提条件，文化作为上层建筑是对

---

① 陶建杰：《城市软实力及其综合的评价指标体系》，《上海城市管理》2010 年第 5 期。

经济基础的必然反映。也就是说，一个城市的软实力离不开该城市经济发展状况和水平，是该城市在特定时期经济基础的真实反映。

2. 城市软实力具有内驱性

城市软实力是国家软实力的重要组成部分，秉承国家软实力的特点，城市软实力同样具有内驱性。这种内驱性决定了城市资源的魅力以及城市对资源运用和转化的能力是城市软实力存在的基础和前提条件，也是城市软实力建设与提高的关键因素。城市软实力的内驱性要求把城市软实力建设的重点放在推动城市发展理念的创新、城市资源魅力的打造以及城市各项根本制度的完善上，同时还要不断提高政府对各种资源的运用能力。只有城市资源的规模和质量保持着良好的增长，城市的软实力才会得到相应的提高，城市软实力的建设才会具备坚实的根基。

3. 城市软实力形成于城市与内、外部民众的良性互动

著名学者王沪宁认为，文化的广泛传播是软实力得以扩散的前提；① 郭树勇教授也强调了国家与国际体系的互动对软实力最终形成的重要性。由国家软实力演变而来并且作为国家软实力重要组成部分的城市软实力，其大小除了取决于城市资源的规模和质量之外，同样还取决于城市与其内外民众互动的效果，良好的互动可以更好地将城市潜在的软实力转化为现实的软实力；反之则不然。这种内外互动性要求在建设城市软实力资源的同时，还必须加大对软实力资源的充分运用与广泛传播，以此增加城市内、外部民众对城市的认知与认同，进而提高城市的知名度、美誉度、吸引力、凝聚力和影响力。

四　城市旅游竞争力理论

作为城市竞争力的重要组成部分，城市旅游竞争力是指一个城市的旅游业在与其他城市的竞争中所体现出来的城市综合素质、差别优势以及持续发展壮大的能力，其评价指标体系一般包括城市旅游竞争业绩评价、旅游竞争潜力评价、城市整体环境支持力评价以及城市旅游业综合竞争力评价这四个方面的内容。其中，旅游竞争业绩评价即现实旅游竞争力评价，主要涉及旅游接待量、旅游收入和旅游企业经

---

① 陈志、杨拉克：《城市软实力》，广东人民出版社 2008 年版，第 54—56 页。

济效益等方面；旅游竞争潜力评价即潜在旅游竞争力评价，包括旅游
资源条件、旅游技术人才和旅游资金来源等方面的内容；整体环境支
持力即环境竞争力，主要是从城市社会、经济、自然以及其他环境等
方面来进行评估；而对城市旅游环境支持力、旅游竞争业绩和竞争潜
力所进行的综合评价则构成了城市旅游业综合竞争力评价的内容。综
合国内外学者的相关研究成果，考量相关指标数据的可获性，构建我
国副省级城市旅游竞争力评价指标体系（见表2－3）。

表2－3　　　　我国副省级城市旅游竞争力评价指标体系①

A层	B层	C层	指标	备注说明
A 旅游业综合竞争力	B1 现实竞争力	C1 规模竞争力	D1 国内旅游收入	中国旅游统计年鉴（当年）
			D2 国内旅游接待人数	中国旅游统计年鉴（当年）
			D3 近五年国内旅游收入占全国的比重	各市及全国国民经济与社会发展统计公报
			D4 近五年国内旅游接待人数占全国比重	各市及全国国民经济与社会发展统计公报
			D5 国际旅游收入	中国旅游统计年鉴（当年）
			D6 国际旅游接待人数	中国旅游统计年鉴（当年）
			D7 近五年国际旅游收入占全国的比重	各市及全国国民经济与社会发展统计公报
			D8 近五年国际旅游接待人数占全国比重	各市及全国国民经济与社会发展统计公报
			D9 旅游业总收入占GDP的比重	各市国民经济与社会发展统计公报
			D10 旅游业占第三产业比重	各市国民经济与社会发展统计公报
			D11 星级饭店数	中国旅游统计年鉴（当年）
			D12 旅行社数量	中国旅游统计年鉴（当年）
			D13 A级旅游景区总数量	中国旅游景区发展报告（当年）

---

① 参见《2014中国旅游业发展报告》，第133—134页。

续表

A层	B层	C层	指标	备注说明
A 旅 游 业 综 合 竞 争 力	B1 现 实 竞 争 力	C2 发展 速度 竞争力	D14 近五年国内旅游收入平均增长率	各市近五年国民经济与社会发展统计公报
			D15 近五年国际旅游收入平均增长率	各市近五年国民经济与社会发展统计公报
			D16 近五年国内旅游接待人数平均增长率	各市近五年国民经济与社会发展统计公报
			D17 近五年国际旅游接待人数平均增长率	各市近五年国民经济与社会发展统计公报
		C3 效益 竞争力	D18 星级饭店利润率	中国旅游统计年鉴（当年）
			D19 星级饭店全员劳动生产率	中国旅游统计年鉴（当年）
			D20 旅游景区利润率	中国旅游统计年鉴（当年）
			D21 旅游景区全员劳动生产率	中国旅游统计年鉴（当年）
	B2 潜 在 竞 争 力	C4 市场 要素	D22 旅行社进入全国百强的数量	中国国家旅游局官网
			D23 旅游满意度	中国国家旅游局官网
		C5 生产 要素	D24 旅游资源垄断度	中国旅游景区发展报告（当年） 中国旅游统计年鉴（当年） 中国城市统计年鉴（当年）
			D25 旅游从业人员数	
			D26 万人居民拥有旅游从业人员数	
			D27 旅游从业人员占三产从业人员比例	
			D28 旅游企业固定资产原价	
			D29 万人居民旅游企业固定资产原价	
	B3 发 展 环 境 竞 争 力	C6 社会 经济 环境	D30 GDP 总量	中国旅游统计年鉴（当年）
			D31 近五年 GDP 平均增长率	中国城市统计年鉴（当年）
			D32 城镇居民人均年可支配收入	各市近五年国民经济与社会发展统计公报
			D33 高等院校在校生数量	各市国民经济与社会发展统计公报
			D34 万人居民培养高校及中职学生数	中国城市统计年鉴（当年）
			D35 社会固定资产投资总额	中国城市统计年鉴（当年）
			D36 万人固定资产投资总额	中国城市统计年鉴（当年）
			D37 年客运总量	中国城市统计年鉴（当年）
			D38 人均城市道路面积	中国城市统计年鉴（当年）
			D39 进出口总额与国民生产总值的比例	中国城市统计年鉴（当年）

续表

A层	B层	C层	指标	备注说明
A 旅游业综合竞争力	B3 发展环境竞争力	C6 社会经济环境	D40 互联网宽带接入用户	各市国民经济与社会发展统计公报
			D41 区域整体创新能力（万人专利授权数）	中国城市统计年鉴（当年）
			D42 旅游网络信息发布量	武汉市知识产权局官网
		C7 自然环境	D43 空气质量	中国城市统计年鉴（当年）
			D44 建成区绿化覆盖率	中国城市统计年鉴（当年）
			D45 工业固体废物综合利用率	中国城市统计年鉴（当年）
			D46 生活垃圾无害化处理率	中国城市统计年鉴（当年）
			D47 污水集中处理率	中国城市统计年鉴（当年）

资料来源：由相关文献整理得出。

五　生态城市理论

生态城市是人类文明的标志，是城市建设与发展的方向。我国大部分城市都提出了建设生态城市的目标。"生态城市"概念的提出并备受关注是时代的产物。一方面，全球生态危机日益严重的形势倒逼着生态城市理念的诞生；另一方面，"人本主义"思想影响的逐步深入以及"回归自然"愿望的更加强烈共同拉动了生态城市理论的研究。另外，在绿色思潮的影响下，生态城市建设能够得到更多、更好经济与技术的支持。

（一）生态城市的内涵

虽然"生态城市"理念的诞生仅以反对污染、追求美好的自然环境作为起点，但随着研究的深入和思想的发展，生态城市已超越了单纯保护环境的层次，融合了经济、社会、文化等更多因素，向更加全面的方向发展。关于"生态城市"，目前尚未有公认的确切定义。通过对各种定义的分析与比较，本书认为学者陈予群有关"生态城市"的定义就比较完整。陈教授指出，生态城市建设，是以城市为整体，以城市自然资源为基础，以城市生态环境保护和人与自然的和谐为核心，创建城市经济、社会与环境协调、持续发展的人工复合系统。

（二）生态城市的特征

第一，生态城市具有和谐性。生态城市的和谐性不仅包括城市经济、社会与环境发展的和谐，还包括人与自然的和谐，同时也指人际关系的和谐。在生态城市中，人与自然和谐共生；在经济发展的同时，环境可以得到有效保护，社会关系能够良性运转。生态城市是一个充满关爱的人居环境。第二，生态城市具有高效性。生态城市能够改变现代城市非循环、高耗能的运行机制，可以提高一切资源的利用效率，实现人尽其才、物尽其用、各施其能、各得其所的良好发展态势。第三，生态城市具有系统性。繁荣的城市经济与优美的城市环境并非对生态城市特点的完整概括，生态城市是统筹城乡，兼顾城市经济、环境、社会与文化的城市。生态城市除了关注城市经济发展与城市环境保护的协调，更加重视对城市生活质量的提高，生态城市追求整体协调与全面发展。①

（三）"以人为本"的宜人城市建设

城市是人口最为稠密的区域，人的生产活动、生活习俗、行为特征、民族构成等因素都影响着城市的发展，因此要把人类的活动作为实现城市生态系统良性运转的主要因素。生态城市建设就是要实现人与自然、人与人的和谐。其中人与自然的和谐是基础，人与人的和谐才是生态城市建设的根本目的之所在，即生态城市在保护自然的同时，更要满足人类进化、发展的需要。这里所说的"以人为本"更是强调了城市建设要充分体现对人的关怀，强调城市的宜人性。

第三节　核心概念的界定

一　"城市"相关核心概念的界定

（一）城市概念的界定

经过多年的努力，国内外学者在城市研究方面已经取得了丰富的成果。马克思指出，与乡村的孤立与分散迥异，城市在本质上是人

---

① 段进军：《竞争城市》，中国计划出版社 2005 年版，第 140—149 页。

口、资金、需求等的高度集中。① 英国学者巴顿（K. J. Buttan）强调了城市系统庞大而复杂的网络性。② 刘传江认为，城市是相对于村庄的大型聚落，是特定地域范围的政治、经济、社会以及文化中心。③ 通过对国内外关于城市概念的论述，并依据现代城市的特征，本书认为，城市是指人类在追求美好生活的过程中所形成的人口空间集聚形态和要素协调运转系统，是特定地域政治、经济、文化与信息中心。

（二）"城市"属性的界定

"四等级"与"六等级"划分标准是目前国际上比较流行的城市规模等级划分标准。我国《城市规划条例（1984）》所采用的是四等级划分标准。该标准将人口在 20 万以下的城市，归属为"小城市"；人口在 20 万—50 万之间的城市，归属为"中等城市"；人口在 50 万以上的城市，归属为"大城市"，而人口数量超过 100 万的，则归为"特大城市"。④ 本书中所提到的城市，主要是指人口达到 50 万人以上的大城市，以及人口超过 100 万的特大城市。

二　"城市旅游"相关核心概念的界定

（一）"城市旅游"概念的界定

笔者通过中英文献搜索，发现国内外现有相关研究中仍没有形成公认的"城市旅游"的定义。Pearce 提出，要将旅游者选择某一城市作为其旅游目的地的动机作为定义"城市旅游"的出发点。Leiper（1990）指出，城市旅游吸引力的真正产生是"人的需要"、"城市的美好元素"以及"城市相关信息推介与传播"三个方面共同作用的结果。吴必虎教授认为城市本地居民与城市外来游客是城市旅游者的共同组成部分。俞晟（2003）将城市旅游定义为，以城市著名景点或城市整体为依托，吸引并招徕旅游者的活动的总和。由于城市系统的

---

① 马克思、恩格斯：《德意志意识形态（1845—1846）》，《马克思恩格斯全集》第 3 卷，第 57 页。

② Button K. J. , *Urban Economics*：*Theory and Policy*，London：The Macmillan Press Ltd. , 1976，Chapter 2.

③ 刘传江：《中国城市化的制度安排与创新》，武汉大学出版社 1999 年版，第 24—33 页。

④ 苗建军：《城市发展路径——区域性中心城市发展研究》，东南大学出版社 2004 年版，第 18 页。

复杂性，城市个体的独特性，导致城市之间在旅游内涵上的差异性；另外，随着现代旅游业范畴的逐步扩大，城市旅游的内涵与外延也在不断地拓展。结合上述学者对城市旅游的概述，本书认为，城市旅游是包括本地市民在内的旅游者在城市市域中的旅游活动的总和及其对城市政治、经济、社会、文化以及环境的影响。因此，在休闲旅游时代，要把城市本身作为旅游吸引物加以整体考量，引导旅游业逐渐融入城市的各个方面，避免城市旅游的舞台化、博物馆化与景区化。

（二）"城市旅游资源"属性的界定

在城市旅游资源概念的内涵与外延上，学者们也是各抒己见，各有道理。Jansen Verbeke 认为，城市交通及其他辅助设施同样应该归属于城市的旅游资源，并强调了这些资源要素对城市旅游业发展的重要性。李蕾蕾指出，城市旅游资源由城市文化、城市景观以及城市节庆活动三个方面组成。随着城市旅游的快速发展以及城市旅游研究的逐步深入，王慧敏教授对城市旅游资源也有了新的认识，提出了"无边界旅游"的理念。这一理念把整个城市的经济、社会、文化与环境都纳入到了城市旅游资源的范畴，弥补了城市传统门票经济的缺陷，为城市旅游发展提供了一个全新的视角。游客结构的"散客化"与旅游体验的"纵深化"、"全时化"在城市旅游的"无孔不入"和"随心所欲"中已经得到充分的显现。这种趋势要求，在发展城市旅游的过程中，要跳出传统"景区"的禁锢，把城市的政治、经济、文化、社会与环境等每一个元素都纳入城市旅游资源的范畴，将整座城市作为一个完整的大景区来打造，树立"城即是景，景是一座城"，旅游与城市共同发展的理念。

三 "城市软实力"的界定

基于"城市软实力"是在"国家软实力"基础上延伸而来的概念，本书比较赞同学者陶建杰的观点，将"城市软实力"定义为：城市在参与竞争和自身发展的过程中，因城市良好的自然环境、优秀的文化、较高的人口素质，以及和谐的社会形态等非物质要素，而产生的城市环境舒适力、文化感召力、社会凝聚力以及居民创造力，这些"软"力量最终形成内部公众（市民）对城市的凝聚力以及城市对外部公众的吸引力、感召力、说服力和影响力。①

本章小结

　　本章在对国内外城市旅游与城市软实力现有研究成果进行回顾与分析的基础上，对软实力理论、城市竞争力理论、城市软实力理论、城市旅游竞争力理论以及生态城市理论作了进一步阐述，并界定了本书的核心概念，为后文旅游协同促进城市软实力研究提供必要的理论基础。首先，分别对国内外城市旅游、城市软实力研究进行了述评与展望；其次，鉴于旅游业发展对城市软实力建设影响的日益扩大和存量城市旅游与城市软实力关系研究依旧缺失之间的矛盾，指出了城市旅游与城市发展特别是城市旅游与城市软实力关系研究的必要性和拓展方向；最后，系统梳理了软实力理论、城市竞争力理论、城市软实力理论、城市旅游竞争力理论以及生态城市理论，清晰界定了本书中"城市"、"城市旅游"以及"城市软实力"等核心概念，为后续理论与实证研究提供必要的理论依据。

---

　　① 陶建杰：《城市软实力及其综合的评价指标体系》，《上海城市管理》2010 年第 5 期。

第三章 旅游与城市软实力
内在契合性分析

国内外学者在"旅游与城市发展关系"的研究中，大多关注于"城市发展对旅游业的促进作用"，而有关"旅游对城市发展影响"的研究却很少。20 世纪 80 年代以来，伴随着旅游业的蓬勃发展，城市旅游对城市发展所产生的影响也逐步引起了学者们更加广泛的关注。然而，相关文献表明，现有研究成果更多侧重于旅游业发展对城市某一方面特别是城市经济的影响，而旅游业发展对城市社会、文化以及环境的影响研究却没有得到应有的重视；另外，城市旅游与城市本体的发展本身就是一个互动的过程，在发展过程中，两者的影响是双向的。城市深厚的文化底蕴、独特的地域风情以及完善的设施与良好的服务为城市旅游业发展提供必要的资源与物质基础；反过来，旅游业发展的过程，同样也是城市环境美化、城市文化传承、和谐城市构建以及城市综合实力提高的过程。[①] 为了促进城市旅游业的发展与城市的全面建设，提高广大民众的生活质量，对城市旅游与城市发展特别是与城市软实力提升之间的关系展开深入研究是十分必要的，并且在研究两者之间积极影响的同时，也不能忽视二者发展中不可避免的矛盾性。

第一节 目标契合性

旅游与城市的融合发展，不仅是旅游业发展的新思路，更是城市

---

① 中国旅游研究院：《旅游与城市的融合发展：以成都为例》，中国旅游出版社 2013 年版，第 136—137 页。

发展的必然选择。旅游业直接面对消费者，促进旅游业科学发展，必须牢牢把握"以人为本"这一核心，努力实现人的全面发展。人民是创造城市软实力的主体，人的文明素质是城市软实力的根本体现。新的时代背景下，城市软实力建设要根据人民丰富精神文化生活的热切愿望，不断满足人民实现全面发展的要求；要在科学发展观的统领下，将"以人为本"作为城市软实力建设和发展的核心，最终实现人的全面发展。旅游产业发展与城市软实力建设在终极目标上存在高度的一致性。

一　旅游产业发展的终极目标

"以人为本"的核心就是要从广大民众的根本利益出发，尽可能地满足人民的各种需求，实现人的全面发展。随着社会的不断发展，人类文明从经济社会向知识经济社会与生态文明社会迈进，人们在满足了物质需求之后越来越多地追求精神、文化等高层次的需求，更加注重人的自由全面发展。旅游作为人们休闲的重要方式，是一种在异地获得消遣、审美、求知等身心自由体验的生活方式，是实现人的自由全面发展的重要途径之一；"以人为本"，实现人的自由全面发展也是我国旅游业发展过程中必须时刻把握的核心，更是我国旅游产业发展的终极目标。①

（一）人的全面发展的内涵

人的全面发展是个人本质的全面发展，其包括个人综合素质的全面发展、人的社会关系的全面发展、人的需要的全面发展以及人的个性的全面发展四个方面的内容。人的个人综合素质既包括人的体力，也包括人的智力，是人类在长期实践活动中形成的作为主体对客体的客观能动力量。人的存在与发展始终处于一定的社会关系之中。在社会交往过程中，人与人之间往往通过心理、情感、信息等方面的交流，在兼容并蓄、扬弃与取舍之中不断地充实、完善、发展自己。马斯洛把人的需要分为生理、安全、社交、尊重、求知、审美和自我实现等不断递增的七个层次，这些需要都是人的本质的具体体现，也是人类实践与社会发展的原动力。不同层次的需要反映着人的不同发展

---

① 曹诗图：《哲学视野中旅游研究》，学苑出版社 2013 年版，第 74 页。

程度，而需要的满足程度又直接影响着人的本质发展，因此，人的全面发展包括人的多层次需要的满足与发展。个性是个体在思想、气质、性格、意志、情感、态度等方面区别于他人的特质。人自觉排除外界干扰，充分展现其才智，自由而全面地发展自己的个性，是人的全面发展的最高目标，也是人的全面发展的本质内涵。

（二）人的全面发展是旅游产业发展的终极目标

相关研究表明，人的活动对人的发展影响巨大。现代西方休闲理论认为，休闲是一个使人"成为人"的过程。无数事实证明，积极、健康的休闲活动，有助于消除身心的紧张与疲劳，有助于满足人的兴趣和爱好，促进人的自由全面发展。而旅游作为人们重要且积极的休闲方式，对人的自由全面发展的促进作用是多维度的。旅游可以提高人的身心素质、文化修养、审美能力，旅游还有助于人的创造能力的提高；旅游充分体现了人的自由，有利于人的个性塑造；旅游可以丰富人的社会关系，促进人际关系和谐；旅游可以满足人的心理需要，促进人的本质发展与自我实现。旅游是人为了消遣、审美、求知等目的在异地获得身心自由体验的高层次跨文化交流活动，其具备丰富的文化功能、美育功能、认知功能、康体功能等，其实质在于促进人的自由全面发展。《关于加快发展旅游业的意见》从民生角度提出要把旅游业培育成为人民群众更加满意的现代服务业，从社会功能角度将旅游业定位为推动社会进步和提高人民生活质量的民生产业。在我国，发展城市旅游业，是为了通过充分发挥旅游对城市环境的改善、文化的发掘、人口素质的提高以及社会和谐的促进作用来改善城市旅游与居住环境；实现广大民众回归自然、放松身心的强烈愿望；更好地将改革与发展的成果惠及全体百姓，从而提高广大市民与游客的满意度和幸福感。因此，人的全面发展是我国旅游产业发展的终极目标。

二 城市软实力建设的终极目标

（一）城市的本质意义与宜居城市建设

人类对未知世界的好奇心是与生俱来的，对幸福的生活始终充满渴望。城市是创造知识的中心，也是传播知识的枢纽，城市的创造力让城市生活变得丰富和新奇，这是人们来到城市、驻守城市的根本原因。居民在享受城市生活的同时也奉献着智慧和劳动，在人际互动中共同创造价值，并推动城市不断发展。因此，城市的本质意义就在于拉近人与人之间的距离，让思想的交流更加广泛和自由，从而激发出源源不竭的创造力，让人们可以安居乐业，分享城市创造的成果。[①]宜居城市是指经济、社会、文化、环境协调发展，人居环境良好，能够满足居民物质和精神生活需求，适宜人类工作、生活和居住的城市。狭义的宜居城市是指气候条件宜人，生态景观和谐，人工环境优美，治安环境良好，适宜居住的城市，这里的"宜居"仅仅指适宜居住。广义的宜居城市则是指人文环境与自然环境协调，经济持续繁荣，社会和谐稳定，文化氛围浓郁，设施舒适齐备，适于人类工作、生活和居住的城市，这里的"宜居"不仅是指适宜居住，还包括适宜就业、旅游及教育、医疗、文化资源充足等内容。宜居城市有宏观、中观、微观三个层面的含义。从宏观层面来看，宜居城市应该具备良好的城市大环境，包括自然生态环境、社会人文环境、人工建筑设施环境在内，是一个复杂的巨系统。从中观层面来看，宜居城市应该具备规划设计合理、生活设施齐备、环境优美、和谐亲切的社区环境。从微观层面来看，宜居城市应该具备单体建筑内部良好的居室环境，包括居住面积适宜、房屋结构合理、卫生设施先进，以及良好的通风、采光、隔音等功效。在国内宜居城市建设实践中，对宜居城市的概念应采取广义的理解，注重宜居城市宏观层面和中观层面问题的研究与解决。[②]

（二）人的幸福与全面发展是城市软实力建设的终极目标

城市软实力是劝服、感召、渗透等软方式所表现出的凝聚力、吸引力和影响力。城市一直承载着人类对美好生活的向往与期待，城市的这一属性促使着越来越多的人从农村走向城市，找寻自己理想的美好生活。也正是人类对美好生活的不断追求，推动着城市不断地发展与完善；城市的和谐与发展，不仅关系着城市的发展、稳定与繁荣，

---

① 张振鹏、王玲：《城市的本质意义及其发展方向论析》，《郑州大学学报》（哲学社会科学版）2014 年第 1 期。

② 李丽萍等：《关于宜居城市的理论探讨》，《城市发展研究》2006 年第 2 期。

而且也关系着人类的现在与未来。人民是创造城市软实力的主体，人的文明素质是城市软实力的根本体现。在新的时代背景下，发展城市软实力要在科学发展观的统领下，将"以人为本"作为城市软实力建设和发展的核心。改善城市环境、创新城市文化、激发城市活力以及促进城市和谐最终都是为了将城市打造成宜居、宜业、宜游的幸福家园，增加广大民众的福祉，提高广大民众的生活质量和幸福感。这也正是现阶段我国国家软实力与城市软实力建设的根本目标。

三　旅游与城市软实力在目标上的契合性

"人民对美好生活的向往，就是我们的奋斗目标"——这是我国旅游业发展的航标，也是我国城市旅游发展的终极目标。"城市——让生活更美好"——上海申办 2010 年世博会的成功让人怦然心动。它创造性地将城市主题纳入世博会的视野，令世人瞩目。城市化在全球范围内突飞猛进，人类正迈入城市时代。城市一直承载着人们对幸福的无限向往与期待！城市经济的繁荣、城市文化的融合、城市环境的改善以及城市形象的传播既是城市旅游业发展的必要条件，也是城市旅游业发展的目标体现，最终都是为了实现人的全面发展和民众幸福指数的真正提高。城市软实力是城市综合实力的重要组成部分，其核心内涵为城市对内部民众的凝聚力以及对外部民众的吸引力、感召力、说服力和影响力。这种凝聚力、吸引力、感召力和影响力来自城市内外部民众对城市的真正热爱与向往，是柔性的、自发的，更是持久的。因此，在新的时代背景下，在追忆与再现历史的过程中，无论是城市旅游业发展还是城市软实力的提升，都应以人为本，与自然相融、与文化相融、与生活相融，实现人的全面发展。关注当下，关注百姓需求，才是提高人民生活水平的本质，也才是我国旅游产业发展与城市软实力提升的共同目标。

第二节　基础契合性

随着我国旅游业全面融入国家战略体系，《旅游法》的出台以及旅游政策环境的进一步优化，我国旅游业在旅游消费需求持续增长的有力支撑下正处于黄金发展时期并开始进入大众化发展的新阶段，城市旅游业的蓬勃发展需要城市经济、社会、文化、环境等全方位的有力支撑；与此同时，在城市化进程日益加快、城市竞争日趋激烈，城市软实力在城市综合竞争力中地位日益凸显的今天，城市软实力建设也同样需要城市经济、社会、文化、环境等多部门、全方位的支持与配合。旅游与城市软实力在"基础"上存在着高度契合性。

一　城市旅游产业发展的基础

从旅游产业运行的角度，城市旅游业发展的基础主要体现在三个方面。首先，城市旅游发展总是在一个特定的地理区域展开的，其顺利可持续发展往往需要合理有效的制度安排作为基础。其次，旅游需求之所以能成为有效需求，要求潜在旅游者必须有钱、有闲、有旅游的动机，这些"钱"、"闲"、"动机"都只有在一定的经济发展水平包括较高的生产效率、较高的收入水平、较高的文化素质等基础上才能实现。最后，旅游业是一个关联性很强的行业，旅游活动得以顺利进行需要适宜的城市自然环境和城市文化环境作为基础。总之，城市旅游业的发展，要求城市有合理有效的制度安排、雄厚的经济实力、适宜的城市自然环境和社会文化环境作为基础，挖掘并创新城市文化以及构建城市社会的和谐。

二　城市软实力建设的基础

城市软实力的建设以城市的基础保障为依据，与城市制度安排、城市经济发展、城市环境状况与城市软实力建设的基础保障直接联系，是城市软实力建设的重要基础和支撑。第一，城市制度安排作为城市软实力的必要组成部分，直接关系着城市软实力的外部环境建设。一个城市软实力的形成，往往需要一个构建合理、运作高效的外部制度环境；反之，如果城市的制度体系不完善、不系统，势必会对城市软实力的构建产生较大的阻碍作用。第二，城市经济发展水平是城市软实力建设的硬基础。一个城市软实力的构建，需要一定程度的经济硬实力作为基础，支撑城市软实力的建设。当然，一个城市具有较强的硬实力并不一定就能形成较强的城市软实力，但倘若没有一定程度的经济硬实力作为支撑，城市软实力建设往往难以开展。第三，城市环境状况也是城市软实力构建的重要基础。无论是城市自然环境，还是城市社会文化环境，都是城市软实力构建的客观基础，也共同构成城市软实力发展的重要保障。

三 旅游产业与城市软实力在基础上的契合性

旅游与城市软实力在"基础"上的一致性表现在两个方面。一方面，城市旅游业发展与城市软实力建设都以共同的经济基础作为保障，离开经济基础，两者都不可能发展。另一方面，作为旅游业发展的载体与依托，城市的功能与特色直接影响着城市旅游业的发展，城市处处是风景、人人是形象，城市本身就是最大的旅游吸引物。城市旅游业的发展，在促进城市经济发展、增加城市居民收入、优化城市产业结构的同时，也可为城市注入不竭的动力与商机，让城市生机勃勃、魅力四射，从而构建并提升城市的吸引力、凝聚力和影响力。今后，城市整体规划要为旅游业发展留足空间；城市旅游业发展要遵循城市发展的客观规律；城市建设评价必须有游客参与。

第一，制度保障的契合性。城市制度是对城市结构、功能等方面的规定，只有在这种规范机制的有效安排下，城市的各种资源才能得到更加有效的配置。城市旅游制度是城市制度的重要组成部分，其包括城市旅游管理、运行机制、行业管理以及市场监督等内容。城市制度是城市软实力建设的重要支撑，合理且有效的制度安排可以更好地促进城市潜在软实力快速、有效的转化与生成。因此，正确选择与安排城市旅游制度，是城市软实力建设与提升的关键。

第二，财力保障的契合性。旅游业是20世纪末和21世纪初增长最快的产业，有着朝阳产业的美称。在旅游业蓬勃发展的同时，旅游业通过直接经济收入和间接经济收入的创造而为城市整体建设提供大量的资金来源，为城市软实力的提升提供充足的财力保障。

第三，环境保障的契合性。旅游与环境之间本身存在着密切的交互作用关系，对城市环境有着直接的影响作用和关联关系。旅游业也正是通过与城市自然环境和城市社会环境的交互影响而间接作用于城市软实力。其一，旅游业的发展与旅游活动的进行和城市生态环境的保护与美化之间关系密切。一方面，城市资源环境是城市旅游业发展的基础；另一方面，城市旅游资源的开发与旅游活动的开展又会对城市生态环境产生很大的或好或坏的影响。其二，旅游对城市旅游目的地社会文化环境有着重要的影响，而城市社会文化环境与城市软实力的形成和发展有直接的关系。

第三节　要素契合性

在国民休闲旅游时代下，城市游客与城市居民共同分享着城市资源与空间，城市旅游散客化与深度化的发展趋势要求以全新的视角——"全域旅游"来重新审视"城市旅游资源"。城市软实力的资源层由包括自然环境、文化资源、人口素质、社会和谐在内的四个子系统构成，在"全域化"视角下，可以说城市里处处都是景点，人人都是形象。旅游与城市软实力在"资源"上存在着高度契合性。

一　城市旅游资源要素的构成

在传统旅游视角下，城市旅游资源概念的外延往往是狭义的，通常只包括城市的某个景点或者景区，对整个城市而言，这些旅游资源只是城市的一个角落或城市的一点。而在国民休闲旅游时代，"全域化"的旅游发展特征要求城市旅游业发展不能单纯围绕某一个或几个旅游景区做文章，而是应该着眼于整座城市，挖掘并整合城市旅游资源要素，将城市的所有元素都作为旅游资源来开发和利用，将城市作为一个大景区来规划和打造，实现城市旅游的全域优化、全域统筹与全域营销。其具体体现在以下几个方面：

第一，城市自然景观旅游资源。城市自然景观旅游资源既是城市旅游业发展的物质基础，也是城市旅游目的地形象构建的前提条件，其蕴含的城市意象铸成了城市旅游目的地形象的内涵，其显现的物态风貌凝聚着城市形象的个性特征。

第二，城市文化旅游资源。城市文化旅游资源是城市旅游产品开发设计的基础和依据，在城市旅游产品开发设计过程中要注重城市文化旅游资源要素的多样化运用，以更好地发挥城市文化旅游资源要素对城市旅游业的促进作用。

第三，旅游人力资源是城市旅游业发展的重要人才基础。旅游业是劳动密集型行业，旅游业的发展在相当大的程度上依赖于旅游人才的状况。不仅如此，旅游业发展状况如何，也取决于该城市所拥有的旅游人力资源的数量和质量，取决于旅游人力资源能否得到合理的开发和管理。

第四，和谐的城市环境。和谐有序的城市环境，是城市社会各项活动开展的前提和基础，其有助于城市各种生产要素的合理流动、城市企业的顺利发展和城市居民的安定生活。一个政治团结安定、经济开放、充满活力的和谐城市，无论对于城市旅游产业发展，还是对于城市居民和外来游客都有着较强的吸引力。

二 城市软实力要素的构成

城市软实力主要由城市自然环境、城市文化资源、城市人口素质以及城市社会和谐这四种资源要素构成。

第一，城市自然环境主要指城市硬环境，城市的自然环境是城市软实力存在与发展的前提。

第二，文化资源是城市发展文化软实力的基础，拥有较多文化资源的城市，在建设软实力时，会具有较好的先天优势，最终实现软实力效果的可能性也较大。

第三，人口素质是城市软实力的关键资源。人口素质是一个城市的人口在体力、智力、科技、道德等因素的综合状况。城市人口素质是城市发展的现实与潜在资源，其水平的高低影响着城市资源的转化、城市政策的推行以及城市社会的和谐，是城市未来发展方向的关键性决定因素。作为城市软实力的重要资源，人口素质的高低是一个城市经济社会发展最为能动的因素和动力，其整体水平的高低直接影响着当前城市发展的水平，也决定着未来城市发展的程度。

第四，城市社会和谐是城市各组成部分、各阶层以及各种要素之间存在的一种相互协调的状态，彰显着城市的活力与魅力。[①]

三 旅游与城市软实力在要素上的契合性

旅游与城市软实力在"要素"上的内在契合性主要体现在以下四个方面：

---

① 中国旅游研究院：《旅游与城市的融合发展：以成都为例》，中国旅游出版社 2013 年版，第 136—137 页。

第一，两者对自然环境的要求是一致的。城市软实力建设追求通过繁荣的城市文化、优美的城市环境、和谐的城市形态来彰显整座城市的独特魅力；而城市旅游吸引力的打造与保持则同样依赖于城市"脉象"的发掘与保持。

第二，两者共同致力于城市文化的传承与创新。城市软实力的提高需要城市传统文化与现代文明的融合发展；城市旅游目的地的打造特别注重对地域文化的深度挖掘和恰当的旅游性开发，是城市地域传统文化保护与传承的有效途径。

第三，两者对城市人口素质的要求是一致的。城市人口素质的高低，既是城市发展的现实资源，也是城市发展的潜在资源，决定着城市未来发展的空间、动力和能力。对旅游业而言，城市人口素质的高低，影响着城市生产力水平和城市居民人均收入的高低，从而也就在很大程度上影响着城市居民对发展旅游业特别是对待游客的态度和自身的旅游需求。

第四，两者对和谐生活环境的要求是一脉相承的。城市的安定、和谐是城市各个子系统正常运转，人民生产与生活正常进行的前提，更是城市凝聚力、吸引力产生的必要条件；安全是旅游的生命线，城市社会的和谐与否，是旅游者目的地选择的重要评判标准，也是旅游活动顺利开展的前提。城市旅游业发展与城市和谐社会的构建是彼此促进、相互统一的关系。城市"和谐社会"的构建为旅游业发展带来新的发展理念，创造出和谐的发展环境，提供有力的保障体系，有利于旅游业的健康和谐发展；旅游在促进人与自身关系的和谐、人与自然之间关系的和谐、人与人之间关系的和谐以及人与社会之间关系的和谐等方面具有特殊而重要的作用。城市旅游业发展与和谐城市构建交互作用关系如图 3 - 1 所示。①

---

① 曹诗图：《哲学视野中旅游研究》，学苑出版社 2013 年版，第 80—85 页。

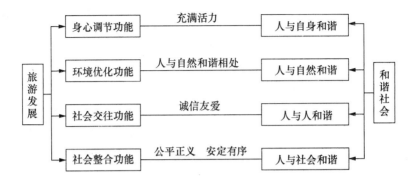

图 3 - 1　城市旅游发展与和谐城市构建的交互作用关系

第四节　媒介契合性

城市旅游推介活动开展的过程，本身也就是对外宣传这座城市的过程。通过与外界社会的良性互动，可以对城市潜在软实力起到放大的作用。旅游与城市软实力在传播"媒介"上具有高度的内在契合性。

一　旅游推介及活动的效果

虽然旅游推介、营销活动的出发点在很大程度上是让更多的潜在旅游者了解旅游目的地及其旅游产品与服务，最终达到招徕旅游者并获取一定经济收入的目的。但实际上，对于一个城市而言，旅游推介活动本身就是对整个城市的宣传，其对整座城市知名度、美誉度的提高都将起到很大的作用。旅游活动开展的本质就是旅游者对异域自然环境、风土人情的一种深入体验，是对旅游目的地的全方位感知与认知活动。旅游过程特别是旅游活动结束之后，旅游者一般会将自己对旅游目的地感知的好坏通过各种方式传递给外界。旅游者良好的评价将会对旅游目的地起到很好的宣传和美化作用。

二　城市软实力传播效果的实现

城市软实力资源并不等同于城市软实力，也不会自动转换成城市软实力。城市软实力包含着软实力资源要素、城市创造和运用各种资源的能力与行动及其运用结果三个相互联系但又互不相同的方面，即城市软实力是由城市软实力资源、资源的转化及转化结果三个部分组成的有机整体。城市软实力从根源上来自城市内部，城市软实力的这种"内驱性"决定了城市软实力的增长主要依靠城市资源的增长和对城市资源运用能力的提高，这是城市软实力存在的基础和前提条件。在此基础上，城市软实力还形成于城市与外界社会的良性互动。城市与外界社会互动效果好，城市所体现的真实软实力就会大于其所具备的潜在软实力；反之亦然。与外界社会的互动，对城市软实力资源的转化与传播实际上起到了对城市潜在软实力放大或缩小的作用。

三　旅游与城市软实力在媒介上的契合性

旅游与城市软实力在"媒介"上的契合性主要体现在以下两个方面。一方面，基于城市发展所做的一切对外宣传和所开展的一切活动都可以大大提高城市的知名度，增加城市内部居民与外界民众对城市的了解进而增加城市潜在旅游者的数量。另一方面，旅游是影响一个城市软实力消长的重要因素。从官方层面来看，旅游营销与推广活动在传播城市形象，提高城市知名度与美誉度上具有重要的作用。从公民个体的行为看，公民个体亲自参与某项活动所获得的记忆或对某事物的认识，要比通过生硬的灌输或其他形式的宣传所获得的印象深刻得多。旅游活动作为非政府行为之一，本身具有自上而下、民间推动的特点，其立体化、生活化的民间软接触方式使得城市软实力更具感染性、广泛性与持久性。伴随着旅游业的蓬勃发展与旅游活动范围的扩大，城市旅游业发展将对城市软实力建设产生更加深远的影响。

本章小结

在前文相关文献综述与理论回顾的基础上，本章从"目标"、"基础"、"要素"、"媒介"四个方面深入探讨了旅游业发展与城市软实力建设之间的内在契合性，以期能为旅游协同促进下的城市软实力建设提供理论依据。

第一，旅游与城市软实力在"目标"上的契合性。"人民对美好生活的向往，就是我们的奋斗目标"——这是我国旅游业发展的航标，也是我国城市旅游发展的终极目标。"城市——让生活更美好"——上海申办 2010 年世博会的成功启示我们，城市经济的繁荣、城市文化的融合、城市环境的改善以及城市形象的传播都应该是城市软实力建设的目标。

第二，旅游产业与城市软实力在"基础"上的契合性。城市旅游业发展与城市软实力建设都以共同的经济基础作为保障，离开经济基础，两者都不可能发展。作为旅游业发展的载体与依托，城市的功能与特色直接影响着城市旅游业的发展，城市处处是风景、人人是形象，城市本身就是最大的旅游吸引物。城市旅游业的发展，在促进城市经济发展、增加城市居民收入、优化城市产业结构的同时，也可为城市注入不竭的动力与商机，让城市生机勃勃、魅力四射，从而构建并提升城市的吸引力、凝聚力和影响力。今后，城市整体规划要为旅游业发展留足空间；城市旅游业发展要遵循城市发展的客观规律；城市建设评价必须有游客参与。

第三，旅游与城市软实力在"要素"上的契合性。城市软实力建设追求通过繁荣的城市文化、优美的城市环境、和谐的城市形态来彰显整座城市的独特魅力；而城市旅游吸引力的打造与保持则同样依赖于城市"脉象"的发掘与保持。城市软实力的提高需要城市传统文化与现代文明的融合发展；城市旅游目的地的打造特别注重对地域文化的深度挖掘和恰当的旅游性开发，是城市地域传统文化保护与传承的有效途径。城市人口素质的高低，既是城市发展的现实资源，也是城市发展的潜在资源，决定着城市未来发展的空间、动力和能力。对旅游业而言，城市人口素质的高低，影响着城市生产力水平和城市居民人均收入的高低，从而也就在很大程度上影响着城市居民对发展旅游业特别是对待游客的态度和自身的旅游需求。城市的安定、和谐是城市各个子系统正常运转，人民生产与生活正常进行的前提，更是城市凝聚力、吸引力产生的必要条件；安全是旅游的生命线，城市社会的和谐与否，是旅游者目的地选择的重要评判标准，也是旅游活动顺利开展的前提。

第四，旅游与城市软实力在"媒介"上的契合性。基于城市发展所做的一切对外宣传和所开展的一切活动都将大大提高城市的知名度，增加城市内部居民与城市外界民众对城市的了解进而增加城市潜在旅游者的数量。旅游是影响一个城市软实力消长的重要因素。从官方层面来看，旅游营销与推广活动在传播城市形象，提高城市知名度与美誉度上具有重要的作用。从公民个体行为看，旅游活动本身所具有的自上而下、民间推动的特点，其立体化、生活化的民间软接触方式使得城市软实力更具感染性、广泛性与持久性。

第四章　旅游对城市软实力
提升的保障协同

在旅游与城市软实力内在契合性分析的基础上，本书将进一步探讨旅游对城市软实力提升的协同作用机理，即保障协同、建设协同以及传播协同。本章首先从"制度"、"财力"和"环境"三个方面来探讨旅游对城市软实力提升的保障协同。分析旅游在保障方面对城市软实力提升作用发挥的机理，旨在为旅游协同促进的城市软实力提升提供理论依据。

第一节　制度保障协同

城市制度是对城市结构、功能等方面的规定，只有在这种规范机制的有效安排下，城市的各种资源才能得到更加有效的配置。城市旅游制度是城市制度的重要组成部分，其包括城市旅游管理、运行机制、行业管理以及市场监督等内容。城市制度是城市软实力建设的重要支撑，合理且有效的制度安排可以更好地促进城市潜在软实力的快速、有效的转化与生成。因此，正确选择与安排城市旅游制度，是城市软实力建设与提升的关键。

一　旅游制度安排与城市软实力

旅游制度安排是指在旅游发展过程中，对于政府、市场、企业三者地位和关系的调整协调以及消除旅游经济发展面临的体制性障碍、政策性障碍等宏观层面的旅游制度规定。制度安排与城市软实力有着密切联系，当原有的旅游制度安排对城市发展产生明显的制约作用时，就会延误城市发展的机遇和窒息城市发展的活力。因此，制度创新就是在原有制度的基础上，通过科学有效的行政管理体制改革和制度调整来规避城市发展的障碍，激发城市发展的潜力，促进城市经济社会全面发展。由此可见，旅游制度创新可以整合并优化城市的各项旅游资源，提高城市旅游资源要素的市场化程度，激发城市旅游的生机与活力，为城市软实力建设提供必要的制度保障。

首先，衡量城市软实力高低的一个重要标准就是城市的开放度和市场化程度。而城市的开放度、市场化程度又取决于城市宏观制度的创新安排。为此，城市政府应进一步深化旅游行政体制改革，减少旅游行政审批的范围，转而对市场经济主体的经营活动进行间接调控，增强市场在旅游经济运行中的作用。此外，制度安排要符合和适应市场经济规律。因此，在市场经济规律调配下实现各种经济、人口等资源要素的合理流动和科学配置。特别是在当今经济全球化趋势下，各种要素在世界范围内进行流动，更加需要打破原有的旅游行政体制，通过城市旅游行政体制改革的制度创新，增强城市的开放性，提高城市的市场化程度，促进并扩大人力、物力、资金、信息、技术等要素在城市的集聚，推动包括旅游产业在内的城市各种产业的迅速发展，提升包括城市软实力在内的城市综合实力。

其次，消除旅游经济发展面临的体制性障碍、政策性障碍也是旅游制度安排创新的重要内容。制度经济学认为，制度安排的差异往往会带来经济主体在经济行为与选择上的差异。在旅游行政管理体制改革的基础上，民营经济的大力发展就是我国旅游制度创新的充分体现，有助于形成城市活力充足的多种经济成分良性竞争格局，促进城市综合实力的提升。一方面，旅游经济发展过程中体制性障碍的消除，可以为所有的市场微观主体——企业提供平等的竞争机会；行业准入限制的合理消除，在确保国有民生企业特殊地位的同时，可以最大限度地激活民间资本的活力，拓宽企业的资金来源，提高资金利用效率。另一方面，消除了旅游经济发展面临的政策性障碍。各种所有制企业在项目审批、土地征用、融资渠道以及申请资质等政策性规定方面应一视同仁，这为各种经济成分企业发展提供了良好的环境和土壤，增强了城市整体经济活力和竞争能力，从而推动了城市综合实力的大幅提升。

二 旅游行政管理与城市软实力

旅游行政管理是在旅游发展宏观政策指导下，政府旅游主管部门按照客观规律的要求运用科学的方法，对旅游业发展进行政策指导、法律法规保障、决策引导等，为城市旅游业的发展创造宽松开放的外部环境，为城市软实力提升提供良好的制度保障。我国和世界上许多国家一样，实行政府主导的旅游产业发展战略。在这样的宏观背景下，以政府旅游主管部门为主要承担者的旅游行政管理直接影响着城市旅游活动的健康发展、城市旅游产业目标的实现、相关产业部门的协作以及旅游整体发展环境的改善。在旅游市场逐步趋于成熟的阶段，旅游行政管理是城市旅游目的地软实力提升的基础性保障因素。

改革开放30多年来，我国城市旅游业依托对外开放的政策，凭借各自独特的旅游资源和条件，在全国旅游业大发展的良好环境中，取得了令人瞩目的成就。自20世纪80年代初起，为适应旅游业发展的需要，我国城市开始逐步加强旅游行政管理工作，但是受旅游业产业地位没有确认的影响，旅游行政管理只是外事管理中的一个内容。进入90年代，以旅游局这一旅游职能管理机构的设立为标志，城市旅游发展管理进入逐步规范和提升效率的阶段。目前，在各级城市均设有旅游局，旅游行政管理在各级城市全面展开。

（一）旅游规划管理

规划管理是旅游行政管理的一项重要内容。城市各级旅游主管部门制定科学合理的城市区域旅游发展规划指导城市旅游业的发展。近年来，旅游规划管理主要体现在对重点旅游景区开发规划的指导方面。例如，自20世纪90年代开始，武汉市旅游局先后编制了《武汉市旅游发展总体规划》（2004—2020）、《武汉城市圈旅游发展总体规划》等，明确武汉市旅游业各发展时期的目标、重点及实现目标的对策；同时，各级旅游主管部门组织编制了《汉阳区旅游发展总体规划（2004—2020年）》、《武汉东湖风景名胜区旅游发展总体规划》、《汉江（武汉段）旅游总体规划（2010—2030）》等一批专项旅游规划，为打造武汉市城市旅游精品项目，促进旅游业的快速、持续、有序发展，提高武汉市旅游业发展竞争力提供了有力的规划支持和保障。

（二）旅游行业管理

旅游行业管理就是通过引导性投资、联合执法、推行服务标准等措施，集中旅游资源、规范旅游秩序，做大做强部分核心旅游企业，确保旅游服务质量的提高。旅游行业管理的对象主要是景区景点、旅游饭店、旅行社等行业，这些行业是旅游业的支柱，有助于城市旅游市场秩序、旅游服务质量水平的提升，从而影响城市旅游目的地软实力的强弱。

1. 旅游景区（点）管理

旅游景区（点）是吸引旅游者的原动力，也是一个地区旅游业发展的基础，是旅游目的地旅游产业系统中重要的组成部分。目前，我国城市主要是依托地质公园、风景名胜区、水利风景区、重点文物保护单位、自然保护区、森林公园等，开发商取得土地使用权进行旅游开发形成的旅游景区。旅游管理部门对景区的管理，目前主要是通过引导性投资、完善景区的基础设施、扶植景区企业的发展、通过推行服务标准化、提高服务质量等来实现的。

自2000年开始，我国各级城市开始贯彻实施国家关于《旅游区（点）质量等级的划分与评定》（GB/T17775—1999）及其后修订的《旅游区（点）质量等级的划分与评定》（GB/T17775—2003）的旅游景区质量评定标准。由于旅游区（点）质量等级依据"景观质量与生态环境评价体系"、"旅游服务要素评价体系"的评价得分，并参考"游客评价体系"的游客满意率，通过一系列量化指标对旅游景区进行综合评定。因此，A级景区的评定促进了旅游景区的建设、管理、资源优化利用、服务质量的提高，对规范旅游景区发展，优化旅游景区的市场竞争环境，树立城市旅游形象等起到了直接的推动作用。但在景区的管理中也存在一些具有普遍性的问题，如对于依托地质公园、重点文物保护单位、风景名胜区等开发建设的旅游景区，往往由于涉及建设、林业、水利、环保、宗教、国土等多个部门，旅游景区具有了多重身份，致使对旅游景区的管理政出多门、多头管理、重复行政等现象严重，造成对旅游景区的"管理重叠"或"管理真空"，制约了旅游景区的健康发展。与此同时，旅游景区多个利益主体之间常存在利益划分和权利义务不明确，结果使旅游景区的发展缺乏动力机制，削弱了旅游景区持续发展的能力。此外，在旅游景区管理中对通过招商引资吸引来的旅游投资商开发建设的管理缺位，致使旅游管理部门在进行资源整合、产品组合、规划发展等方面得不到响应和配合。

2. 旅游饭店管理

旅游饭店业的发展程度是一个地区旅游业发展水平高低的标志。经过 30 多年的发展，随着我国城市旅游业的快速发展，城市旅游饭店业规模不断扩大，档次结构逐渐复杂，在所有制性质上分属于国有企业、集体企业、股份制企业、私营企业、港台投资企业、外商投资企业等，经营分散、层次多、质量参差不齐。为提高城市旅游业的接待水平和规范城市旅游饭店业的发展，城市旅游主管部门制定评定标准并据此对饭店业实施标准化规范与管理，在规范行业发展、提高服务质量的同时，也提高了整座城市旅游饭店业的竞争力水平。2013 年年底，我国共有 13293 家星级饭店纳入统计系统，其中有 11687 家完成了 2013 年财务状况表的填报，并通过省级旅游行政管理部门审核。在 11687 家星级饭店中：五星级饭店 739 家，四星级饭店 2361 家，三星级饭店 5631 家，二星级饭店 2831 家，一星级饭店 125 家。①

在饭店业快速发展的过程中，也出现了一系列亟待解决的问题。其一，20 世纪 90 年代后期，受全国饭店业发展形势的影响，多渠道的投资迅速进入饭店业，使城市旅游饭店数量急剧增长，一时间形成了供给大于需求的局面。进入 21 世纪以来，城市星级饭店平均客房出租率始终徘徊在 40% —60%，加上饭店本身产品趋同、季节性销售明显等特点，饭店间争夺市场的竞争日趋激烈。各饭店为了吸引更多的顾客，要么竞相降价，要么采取非法或不正当手段，造成市场经营秩序混乱，最终导致全行业整体利润下滑，处于低利或亏损状态。其二，受体制、机制等多种因素的影响，饭店集团化程度低。除近年新进入的国际连锁酒店、国内连锁饭店以外，一些城市的饭店仍然处于隶属不同投资者、各自为政的经营状态，缺乏特色的、强有力

---

① 国家旅游局：《2013 年中国旅游业统计公报》，http：//www.cnta.gov.cn/html/2014 - 9/2014 - 9 - 24 - %7B@ hur%7D - 47 - 90095.html。

的品牌带动。这种状态也是各个饭店在面临激烈市场竞争时，为了谋求自身利益最大化通过降低价格和服务质量进行恶性竞争的原因之一。

随着旅游业的快速发展，人们对高质量、特色产品的需求程度越来越高，要适应这种变化，提高城市旅游业综合实力，必须通过优化饭店的地区及档次结构、提高饭店产品质量、培育品牌产品、加快集团化发展的步伐等科学有效的制度安排促进城市旅游饭店实现良性的发展，推进城市旅游接待能力和外在形象建设，进而促进城市软实力的提升。

3. 旅行社管理

旅行社是为旅游者提供旅行中介服务的企业组织。在旅游目的地，旅行社是招徕、接待、组织国内外游客的旅游企业，是旅游业重要的支柱行业之一。截至 2011 年年底，我国各个城市拥有旅行社 26054 家。总体来看，旅行社业的发展仍然处于规模扩张阶段，集团化、网络化发展滞后于国外旅游发达的国家。而且，旅行社主要集中在一些旅游中心城市，各城市发展不平衡。

多年来，我国城市旅游主管部门注重提升旅行社管理人员及导游服务人员素质，积极组织旅行社管理人员和导游人员的培训工作，开展旅行社经理从业培训和导游人员资格认证，旅行社从业人员的整体素质普遍有所提高。此外，各城市旅游主管部门在《旅游管理条例》的框架下，针对城市旅游业发展的实际，制定了相应的《旅行社门市部暂行管理办法》等规范旅行社经营行为的规章制度，并对旅行社实施年度检查，对经营不规范和质量差的旅行社给予吊销经营许可证的处理，以此来促进旅行社企业的规范经营，提高经营管理水平。总之，武汉旅行社业的发展基本上与国内大部分地区一样，由于进入成本低，大量的经营者涌入旅行社市场，造成了旅行社行业"小"、"散"、"弱"、"差"的普遍问题。从组织结构上看没有形成合理的纵向分工体系，多以相似的产品、相似的经营方式参与市场竞争，导致旅行社行业总体竞争激烈，经营效益差。直接影响了旅游业市场规模的扩大、旅游接待能力和接待质量的提高。为此，从旅游主管部门来讲，建立合理的旅行社准入制度和退出制度安排，配合年检制、特许制和专项管理制等制度，促进旅行社企业的集团化发展，优化旅行社企业数量和质量，完善行业管理是促进城市旅行社良性发展的基础，也是促进城市软实力提升的重要方面。

（三）旅游营销管理

从营销的角度进行城市旅游业行政管理应该包括选择城市旅游营销渠道、完善城市旅游价格等方面。从旅游主管部门来讲，对城市软实力作用更为直接的，能够充分发挥沟通、整合优势的就是宣传促销城市旅游目的地，实现对城市旅游业的营销管理。

多年来，我国各大城市纷纷加大旅游宣传促销的力度，促销经费逐年增加。旅游主管部门组织和协调各级政府和旅游企业充分利用国内外旅游交易会、旅游博览会；举办丰富多彩的节庆活动；与国内旅游分销商、社会组织等建立良好的关系，宣传、促销城市旅游产品；加强对外合作，多渠道、多手段、多形式地宣传城市旅游产品和旅游形象，有效地拓展了国内旅游市场和入境旅游市场。同时也形成了较为成熟的模式——由政府引导、主管部门牵头、企业积极参与，市场化运作开路的旅游宣传促销模式。当然，以上一系列宣传促销是在明确城市市场定位、市场细分，以及明确了城市形象及其知名度基础上的管理活动。然而市场环境在不断变化，旅游消费者的消费需求也在不断发生转换。因此，在营销管理中需要投入更多的力量研究市场的变化，强化内外部的信息管理，为旅游营销管理创造条件。

（四）旅游市场监督管理

在我国各级城市旅游业发展过程中，为强化对当地旅游市场的监管，纷纷制定了涉及旅游业发展的一系列规章制度、法规和管理条例，大体上包括《旅游管理条例》、《旅行社门市部管理办法》、《旅游中介服务佣金管理规定》、《旅游汽车定点管理办法》、《旅游区（点）管理办法》、《旅游购物场所管理办法》等法规制度。制度的完善可以加大旅游监管的力度，为城市旅游业发展创造良好的市场环境。在出台一系列法律法规的基础上，我国各级城市加强了旅游执法队伍建设，建立健全了城市各级的旅游执法大队，构建了城市旅游行政执法体系和质量监督网络，进一步提高了旅游执法水平。同时，加强了旅游、经贸、公安、工商、法制、技术监督、建设、国土资源、交通、文化、环保、税务等城市行政管理部门的联动执法，提高旅游执法的权威，规范了旅行社、旅游景区、旅游购物场所、旅游车队等企业和导游人员的行为，维护了旅游市场秩序，优化了旅游市场环境，为城市旅游业和城市软环境的构建起到了保驾护航的作用。

第二节　财力保障协同

旅游业是 20 世纪末和 21 世纪初增长最快的产业，有着朝阳产业的美称。在全球经济迅速发展、人们生活节奏加快、物质生活逐渐丰富的今天，人们开始由对物质生活追求为主向精神生活追求的转变。随着休闲时间的不断增多，各国都瞄准这个巨大的休闲市场，休闲旅游逐渐变成人们生活的重要组成部分，在最近几十年内世界旅游业得到了蓬勃发展。根据有关资料显示，从 1950 年至 2005 年的 50 多年里，世界旅游业保持了较高的增长速度，达到了年均 6.6% 的增长速度，1950 年全世界接待国际旅游者 2500 万人次，到 2005 年已达到 8 亿人次[①]；2005 年，全球旅游业总收入就已经超过 6 万亿美元，超过全球 GDP 的 10% 的比重。据世界旅游组织统计，全球每年参与各种形式旅游活动的人数已达近 40 亿人次。早在 2002 年，美国就创造了 11.27 亿人次的国内旅游纪录，达到了公民年平均出游 4 次的水平。[②] 尽管国际旅游人数受国际金融危机等一系列不利因素的影响，2009 年显著缩水之后，国际旅游人数在 2010 年再次有所上升，并已恢复至危机前的最高水平。据世界旅游理事会估计，旅游业直接和间接地影响了全球经济，并占全球 GDP 的 9.2%，世界出口的 4.8% 和全球投资的 9.2%（WEF，2011）。预计 2020 年国际旅游消费将达 20000 亿美元，旅游消费年均增长率达到 6.7%；全球将接待国际旅游者 16 亿人次，年均增长率达 4.35%。[③] 到 2020 年国际旅游人数占世界潜在

---

① 中国旅游论坛：《旅游业发展数据专题》，http：//club.taoyou.com/。

② 叶全良、丁枢：《旅游经济学》，旅游教育出版社 2010 年版，第 46—48 页。

③ Stephon Wheatcroft，"Airlines ecotourism in the 21st century"，*Tourism Management*，Vol. 14，No. 2，1993，pp. 122–130.

旅游人数的比例将由现在的 7%上升到 10%①，届时旅游业将成为名副其实的世界第一大产业。基于此，在旅游业蓬勃发展的同时，旅游业通过直接经济收入和间接经济收入的创造而为城市整体建设提供大量的资金来源，为城市软实力的提升提供充足的财力保障。

一 旅游产业直接收入与城市软实力建设

近年来，随着我国改革开放的深入和市场经济体制的完善，旅游业得到国家重视，很多城市把旅游业作为支柱产业、主导产业或新的经济增长点。2013 年，我国国内旅游人数 32.62 亿人次，收入 26276.12 亿元人民币；1.29 亿人次的入境过夜游客带来了高达 516.64 亿美元的国际旅游（外汇）收入。随着我国旅游业的迅猛发展，世界旅游及旅行理事会（WTTC）和世界旅游组织（WTO）等对我国旅游业的发展也进行了研究并对未来的发展做出了预测（见表 4-1）。相关结果显示，到 2020 年，我国将成为全球第一大旅游目的地，入境旅游者可达 1.37 亿人次。随着旅游业在经济和国际合作中扮演着越来越重要的角色，我国由旅游资源大国向世界旅游强国转变的时机已经成熟。面对中国旅游发展前景的大好形势，作为旅游目的地的各个城市都致力于抓住这一机会，大力发展城市旅游业，扩大旅游份额，创造了大量的旅游产业直接收入，也为城市软实力建设提供了坚实的财力保障。

表 4-1　　　　　　　2020 年世界十大旅游国家的预测②

国家（地区）	接待旅游者人数（万人次）	占世界市场份额（%）	1995—2020 年增长率（%）
中国	13710	8.6	8.0
美国	10240	6.4	3.5
法国	9330	5.8	1.8
西班牙	7100	4.4	1.4

① 西部开发旅游发展战略课题组：《西部开发旅游发展战略》，中国旅游出版社 2002 年版，第 20—22 页。

② 叶全良：《旅游经济学》，旅游教育出版社 2002 年版，第 155—156 页。

续表

国家（地区）	接待旅游者人数 （万人次）	占世界市场份额 （%）	1995—2020 年增长率 （%）
中国香港	5930	3.7	7.3
意大利	5290	3.3	2.2
英国	5280	3.3	1.0
墨西哥	4890	3.1	3.6
俄罗斯联邦	4710	2.9	6.7
捷克共和国	4400	2.7	4.0
总计	70880	44.2	—

具体来讲，旅游产业直接收入主要来源于城市旅游产业体系自身。城市旅游产业体系是由围绕满足旅游者旅游需求而形成的，由旅游观赏娱乐业（以景区景点为核心）、餐饮住宿业、旅行社业、交通通信业和旅游购物品经营业等组成的相互联系、相互制约、相互促进的有机的城市旅游供给体系。自 20 世纪 80 年代以来，经过各级政府和各相关行业的不懈努力，我国城市旅游产业体系经历了基础建设、初步构建、日臻完善三个发展阶段，目前旅游交通、餐饮住宿、旅行社发展迅速，旅游景区建设、旅游中心城市建设和旅游线路建设成效显著，以旅游景区为吸引核心、以旅游中心城市为节点、以旅游线路为纽带的区域旅游发展格局日益完善，已基本形成了以"行、游、食、住、购、娱"等要素产业为主体，其他关联产业为支撑，并具有一定规模和水平的城市旅游产业体系，完善的旅游产业体系是旅游产业直接收入形成的基础。

（一）旅游景区的财力保障

旅游景区发展的核心就是保持旅游吸引物的持续吸引力，提供不断满足旅游者需求的休闲娱乐活动，通过完善的管理提高满足旅游者需求的服务效率，由此获得相应的经济效益。因此，旅游景区的发展和完善是提升城市旅游产业发展的关键环节之一，也为城市软实力建设提供充足的财力保障。

我国城市旅游景区的开发经营始于 20 世纪 70 年代末，经过 30

多年的发展，旅游景区已经成为拉动城市旅游产业发展的核心力量。目前，我国城市围绕自然资源、人文资源等各个城市优势旅游资源进行的旅游资源开发已全面展开，景区开发的深度不断加大。全国各大城市在政府引导与市场运作的共同作用下，改建、扩建、新建了一批较具规模和影响力的品牌旅游景区。同时，在城市旅游景区开发、建设、经营过程中，注重突出湖泊、河流、山脉、森林等自然资源和以地域特色文化为代表的文化旅游资源的优势，充分展示景区原生态的自然环境和人文环境背景，整合各种资源，在传统与现代的结合中创新旅游活动项目，以适应现代旅游者需求多样化、个性化、参与性强的特点，增强城市旅游景区对于目标市场的旅游吸引力。

总体来看，一些城市开发建设的旅游景区特色鲜明，地域文化底蕴深厚，对国内外旅游者产生了极强的旅游吸引力，构成了城市旅游形象的重要载体，对城市旅游业的发展发挥了重要的带动作用。但是，由于投入不足，市场化程度低，产业化运作有限等因素的影响和制约，一些城市旅游景区旅游资源开发利用的水平仍然较低，仍以粗放型开发方式为主；旅游景区建设仍停留在低档次的数量扩张阶段，规模化、高品位、能延长旅游者停留时间的旅游景区数量少，缺乏拥有一流开发、管理和服务水平的精品景区。高品位的旅游资源优势尚未转化为产品优势和经济优势，还未形成城市旅游业发展的竞争优势。因此，促进传统旅游产品转型和升级换代，丰富旅游产品类型，促进旅游消费是提升城市旅游业发展水平面临的严峻挑战。

（二）城市旅行社和餐饮住宿业提供的财力保障

城市旅行社业和餐饮住宿业是城市旅游业的两大支柱行业。旅行社业、餐饮住宿业的发展在一定程度上反映一个城市旅游接待能力的强弱。我国城市旅行社业、餐饮住宿业的发展起步于 20 世纪 80 年代初期，在 90 年代得到迅速发展，对旅游业经济效益实现起到了强有力的支撑作用。

1. 旅行社的改革与发展

我国旅行社业在 20 世纪 80 年代开始逐步由旅游接待型事业单位转型为旅游企业，伴随着城市入境旅游的逐步发展而逐渐壮大。从 80 年代到 90 年代初期国有三大旅行社——中国国际旅行社、中国旅行社、中国青年旅行社基本上垄断整个城市旅游市场。1996 年颁布的《旅行社管理条例》第三条规定："本条例所称旅行社，是指有营利目的，从事旅游业务的企业。"国家对旅行社的性质不再限制，自此，民营旅行社开始在城市旅游中出现。90 年代后期，随着政企分开政策的实行，政府投资主体开始逐步淡出旅行社业，而其他行业的经营主体则不断通过各种渠道进入旅行社业，多种经济形式混合的旅行社业在各个城市中形成。与此同时，旅行社业也经历了规模迅速扩大的发展过程。截至 2012 年年底，全国共有旅行社 24944 家，旅行社业已经具有一定规模。但总体来看，单个旅行社规模较小，尚未形成规模效应。在旅游市场竞争日益激烈的情况下，这样的行业组织结构难以应付强大市场竞争力量的冲击。同时，由于企业规模小，许多旅行社仍然沿袭传统国有企业的管理模式或家长式管理方法，缺乏适应市场经济的管理机制，不仅导致企业因不能真正自主经营、自负盈亏而缺乏自我发展和壮大的动力；同时还造成企业因内部管理薄弱而无法从增长的业务量中获得相应的利润。另外，我国绝大多数旅行社都属于中小企业，旅行社与其他相关行业的合作还处于初级阶段且合作的能力还很薄弱，很难在合作中达到共赢的效果。一旦外部有实力的旅行社进入，并与相关行业合作参与市场竞争的话，必然对城市旅行社业构成强烈的市场竞争冲击。

2. 餐饮住宿业的改革与发展

我国城市餐饮住宿业的大发展，是由国际旅游的发展而起步，国内旅游的发展而迅速发展。1998 年国务院发布了实施各级党政机关与直属企业"政企脱钩"的政策，促进了一批国有饭店向独立的市场主体过渡，同时，对外开放程度的加深也为外资饭店的发展提供了机遇。一批外商投资、外商独资、国外饭店集团（如假日酒店、速 8 酒店等）的连锁饭店等相继登陆城市饭店业市场，这使城市餐饮住宿业规模迅速扩大，餐饮住宿业竞争的格局和竞争程度有了深刻的变化。截至 2012 年年末，我国共有 11706 家星级酒店，其中五星级 654 家，四星级 2201 家，三星级 5545 家，剩下的为 3306 家一星级与二星级酒店。餐饮住宿业的规模增长一方面是适应城市国内外旅游需求的增长，特别是国内旅游需求迅猛发展对旅游供给促进的结果；另一方面，也是在计划经济向市场经济转轨过程中，各类投资主体的旅游投资冲动迅速得到释放并不断增强，多渠道的投资迅速进入饭店业形成的一个结果。

餐饮住宿业规模增长对于旅游业快速发展来讲并不是一件坏事，但在城市餐饮住宿业规模增长的背后，也暴露了一些隐含的问题。首先，受城市旅游淡旺季的影响，旅游饭店经营面临常年供给与季节性需求的矛盾，旺季时客房出租率基本饱和且价格畸高，淡季时客房出租率低且价格超低，总体来看年均客房的出租率保持在相对较低的水平，导致整体经营效益低下。其次，国外酒店集团连锁饭店进入，优化了城市旅游饭店业的结构，带来了先进的管理理念和管理模式，有助于推动城市饭店业经营管理水平的提高，但对本土旅游饭店构成了严峻的竞争威胁。再次，本土旅游饭店大多属于单体饭店，而且很多属于转制后仍然不能完全摆脱行政或者企业非市场的内部干预，而致使产权不明晰、内部人控制现象盛行，相应的激励措施缺乏，饭店难以产生追求长期持续发展能力的动力，这就又导致了饭店成长的空间和按照市场原则自主发展的要求受到了极大的束缚，真正的市场主体未能完全形成。当竞争优势明显的国外酒店进入之时，本土单体饭店管理理念和传统管理模式明显不能适应新的竞争形势。只有真正成为市场主体，建立现代化的企业制度，转换管理模式才是城市旅游饭店迎接竞争挑战、获得持续发展的必由之路。最后，城市餐饮住宿业发展尽管也经历了经济转型的变革，但受制度环境的约束，产权依然不能自由流动，资本市场处于不发达的阶段，饭店企业本身也缺乏科学的发展战略，缺乏成熟的管理模式和人力资源的开发能力，这些都制约着城市旅游饭店业的规模发展和集团化发展。综上，我国城市餐饮住宿业的快速发展既为城市旅游业创造了数量巨大的经济收入，为城市软实力的提升提供充足的财力保障，但在未来的发展道路上仍然任重道远。

（三）城市旅游商品提供的财力保障

旅游者对旅游商品的购买，不仅是为了实现商品的实际使用价值，更是为了满足自身对旅游商品审美、纪念价值等抽象效能的追求。旅游活动过程中，旅游者对旅游商品的购买与消费是一种"无限制性"消费，与其他旅游产品要素相比，旅游商品消费中有更大的经济效益挖掘潜力，可为城市软实力的构建提供大量的财力保障。截至目前，我国城市入境旅游者，旅游购物的花费平均约占到旅游总花费的20%，国内旅游者约17%，还远远低于世界旅游购物30%的平均水平。从城市旅游者购物消费取向上分析，旅游者感兴趣的主要是当地的名优土特产品、旅游纪念品等，随着城市旅游商品日趋丰富，旅游者购物消费也日趋多样化。

　　长期以来，部分城市旅游商品的开发、生产、销售滞后于旅游业的发展。主要表现在：一是从事旅游商品生产和销售的企业和个人过于分散、规模小、服务较差。经营主体的分散性、资本运作的低效率导致了行业核心竞争力品牌的缺失；商品生产和销售进入的低门槛、小规模、单品种，也不能满足旅游消费者多样化的购买需求。一方面由于这种小规模的生产和销售属于传统的经营，管理水平低，生产与销售没有明确的市场定位，生产和销售的旅游商品雷同。另一方面，小规模的旅游商品生产和销售企业过于分散，行业自律机制难以建立，市场监管缺失，其结果是旅游商品生产和销售市场上鱼目混珠，导致整个行业服务质量相对较差。二是缺少设计研发、生产、销售的良好机制。在设计研发环节，一方面是缺乏大规模的设计研发，作坊式的设计研发无法紧跟旅游市场上旅游者的需求变化。另一方面是研发人员学科背景单一，设计出的产品难以集纪念性、艺术性、实用性、独创性等为一体。即使设计研发出有创意的商品，也往往受资金的困扰而难以转化为产品而无缘市场。旅游商品生产销售环节，核心是围绕消费者的消费需求展开，对于消费者来讲，旅游商品的价格和质量是影响消费选择的两大关键因素。低价高质是旅游消费者旅游购物中永恒的追求。由于大部分土特产品、纪念品等生产规模较小，不能通过大规模生产降低成本，再加上在销售环节也无法达到规模销售，因此价格居高不下，生产者和销售者的利润空间较小，这就导致一部分旅游商品经营者为追求高利润而以次充好，以相对低的价格提供劣质产品或通过对高质量商品定天价实现其经营目标。这就导致了旅游商品生产销售环节的恶性循环，影响了当地旅游商品行业的发展。总之，目前旅游商品生产和销售滞后，不仅削弱了城市旅游在塑造与传播城市形象和提高城市吸引力中的重要作用，还阻碍了城市旅游收入的增加，对城市软实力的财力保障存在着较大的潜力与空间。

二 旅游产业关联收入与城市软实力建设

旅游产业通过旅游产品和服务的提供以满足旅游消费者的需求实现直接旅游业收入，同时，旅游业也是一个具有强大带动能力和高度关联性的产业，能带动诸如文化产业，运动、休闲和娱乐产业，商品零售业等相关行业的共同发展。这些相关行业是与旅游业有关联性，通过提供类似或互补产品和服务，从而对旅游业发展产生支持的行业。这些行业的行为与旅游业有一些相同之处，但是相关行业和支持性行业服务的对象主要不是旅游者。这里，本书重点讨论文化产业、娱乐业、商业等城市旅游目的地相关行业发展所创造的关联收入为城市旅游目的地软实力建设提供的财力保障。

（一）文化产业提供的财力保障

文化艺术、文博会展、广播影视等是旅游活动的一部分，特别是在城市中，政府（企业或居民）主办（承办）和参与各种节庆、艺术表演、文博会展等文化事件和文化活动，吸引了大量的旅行者或旅游者纷至沓来。旅游者观光艺术馆和博物馆、观看文艺演出、听音乐会、体验独特的节庆活动等，既丰富了旅游活动的内容，提高了旅游体验的质量，也能创造大量的经济收入。因此，文化产业是支持城市旅游目的地旅游业及其软环境发展的重要关联产业，并可为城市软实力建设提供财力保障。

（二）运动、休闲和娱乐产业提供的财力保障

旅游目的地的运动、休闲和娱乐产业如果具有竞争优势也会提升旅游目的地的吸引力。承办地区性、区域性、全国性或世界性的体育赛事可以吸引一大批体育爱好者到访旅游目的地，既可以带动国内外旅游需求的增加，促进旅游消费数量的提升，创造大量的经济收入，为城市软实力建设提供财力保障；也可通过其产生的影响力提高城市旅游目的地的知名度，增加旅游市场对城市旅游目的地的认知度，对旅游业及其城市本身形象树立都会产生深远影响。

（三）商品零售业提供的财力保障

如果城市旅游目的地零售业发达，可以提供大量质高价廉的商

品，能够充分满足城市旅游者购物的需求，促进消费者旅游购物花费的增加，从而提高城市旅游目的地的旅游经济效益。因为购物是旅游者的一项重要旅游活动，在旅游消费总额中的份额较大。同时，如果旅游目的地零售商品特色鲜明、质量高、价格合理就会使城市购物环境、购物质量明显提高，对注重旅游购物的客源市场产生巨大吸引力，激励旅游购物消费的增加，创造可观的经济效益。

第三节　环境保障协同

按照有形与否，城市环境可以分为有形环境与无形环境。有形自然生态环境与无形社会文化环境都直接影响着城市吸引力的大小，为城市软实力建设提供外部的环境保障。

一　旅游、自然生态环境与城市软实力

旅游与环境之间本身存在着密切的交互作用关系，对城市环境有着直接的影响作用和关联关系。旅游业也正是通过与城市环境的交互影响而间接作用于城市软实力。

（一）旅游与城市环境的交互关系

旅游业的发展与旅游活动的进行和城市生态环境的保护与美化之间关系密切。一方面，城市资源环境是城市旅游业发展的基础；另一方面，城市旅游资源的开发与旅游活动的开展又会对城市生态环境产生很大的或好或坏的影响。与其他产业相比，旅游业与城市环境的关系更为密切。用来分析经济与环境问题的物质平衡模型（见图4－1）是一种有用的概念性工具。

这一模型假设经济系统之间以两种基本方式相互作用，即资源的投入和废弃物的排放。作为产品和服务的生产与消费的投入要素的环境资源在被经济活动利用的同时，也不可避免地要将废弃物排放到环境之中。经济系统中，所有物质和能量的注入与产出都是守恒的，这也符合能量守恒定律理论的要求。因此，在分析地区旅游业与环境交互作用时，就可以根据这一模型的基本思路，建立旅游与资源交互作用的整体模型（见图4－2）。这个模型由旅游环境模块、交界模块、经济模块和地区特征模块组成。根据需要，作为外部投入的各种信息也可以加入本模型。

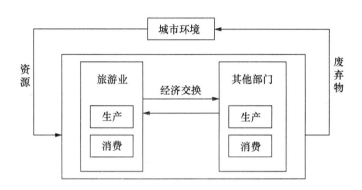

图4-1　用于解释旅游产业活动与环境问题的物质平衡模型

旅游环境模块用来解释旅游业发展与旅游活动开展过程中所排放的废弃物对目的地资源环境影响的方式和大小，包括旅游资源储量及环境承载容量、旅游资源环境影响模型、废物效应模型三方面的内容。这些模型同时解释了因资源的承载容量对旅游产业活动的种种限制。与此模块外部直接关联的是交界模块，从该模块中获得对资源的需求量和向环境排放的废物量等信息，同时，它还接受有关外部条件的信息。

交界模块通过废弃物生成过程将生产和消费特征转化为废物排放量，其功能是通过资源利用过程将经济的生产和消费特征转化为对资源的需求水平，因此也称为转置模块。因此，从图4-2中可以看到，本模块的产出全部被转入到旅游环境模块中去。反过来，旅游环境模块也可以向交界模块提供投入使之成为经济系统的约束条件。

经济模块与交界模块也存在联系，因为该模块将经济系统的产出转化为对资源环境的需求并形成废弃物。经济模块由所研究地区的旅游业等经济产业部门的生产和消费以及彼此之间的结构关系所构成。这里，旅游产业部门既直接利用资源环境，同时，旅游业又通过产业间的关联间接影响资源环境。因此，这一模块与地区特征模块相关联。

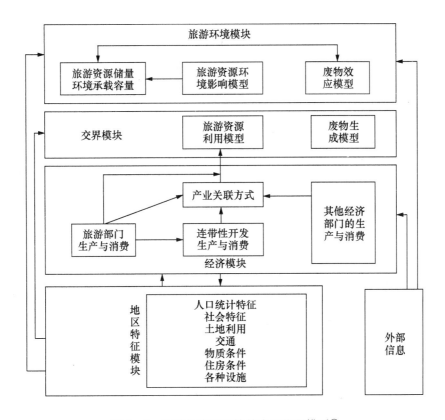

图 4 - 2　旅游与资源环境的交互作用模型①

地区特征模块用以描述地区的人口统计、社会和物质结构方面的特征，这些是经济模块和交界模块的必要投入要素。本模块与经济模块关联的内容包括各种保证地区经济、人口、社会和物质结构之间相互协调的特性，这些特性由交界模块转化为对资源的需求和产生的废物。

（二）城市旅游生态环境与城市软实力

旅游与城市环境互动关系密切，良好的城市生态环境是促进旅游业健康、持续发展的基础；反过来，旅游业的发展又促进城市生态环境的保护和建设。在旅游业发展过程中，城市旅游生态环境规划，城市旅游标志性建筑的建设，必然有利于创造清洁、优美、舒适的城市

---

① 黎洁：《旅游环境管理研究》，南开大学出版社 2006 年版，第 20—22 页。

环境，实现城市生态保护与经济发展、社会进步、文化渊源的高度和谐，有助于城市居民的生产力、创造力并促进城市文明程度不断提高，从而为促进城市软实力提升提供坚实的环境保障。

1. 城市旅游生态环境对城市软实力的影响机制

（1）城市旅游规划。城市旅游环境建设对城市软实力的影响具体包括以下几个方面：城市根据生态城市建设的总体目标，在城市政治、经济、社会和文化发展战略的基础上，制订出符合城市总体规划要求的城市旅游发展总体规划。合理的城市旅游布局与功能分区，可以确保城市的所有旅游活动都严格按照生态旅游发展的规律进行；不断提高城市旅游资源、旅游设施的利用效率以及城市生态环境的自净能力。生态型旅游城市规划要求利用征收高排污费等手段来调整土地利用结构；将传统污染性高的企业迁出城区；根据实际情况，在原有土地上重新规划和建立旅游景区（点）或者公共休憩场所。在科学规划的指导下，城市发展的规模会逐渐与城市的生态环境容量相适应，最终在整座城市形成人与自然和谐发展的良好氛围。可见，城市旅游规划的合理编制与执行可以为城市环境建设提供制度保障，进而这些优美的城市环境又成为城市软实力的重要组成部分。

（2）城市旅游环境。虽然城市旅游环境的改善与美化并不直接带来城市经济效益的增加，但良好的城市旅游环境却是吸引投资和提高城市形象的关键因素。大连市在建设国际旅游城市的过程中，通过滨海风景旅游来改善城市环境、美化城市形象就是一个很好的例子。改善城市旅游环境，还需在以下几个方面做出不断的努力。首先，加快城市绿化建设的步伐，尽快提升城市人均绿地面积的数量。其次，完善城市总体布局与功能分区，塑造城市建筑独特的艺术风格与浓厚的地域风情。再次，加大城市环境整治和保护的力度，提高城市水资源以及城市空气的质量。最后，提高城市居民与游客的生态环境保护意识，还城市以绿草、蓝天、清净的环境。

（3）城市旅游标志性建筑。在城市旅游发展过程中，往往伴随着城市标志性旅游建筑的建设。这些城市标志性旅游建筑，如巴黎的香榭丽舍大街、哈尔滨的俄式建筑以及上海的东方明珠等都已经成为其城市形象的代表，对城市国内外知名度的扩大和整体形象的提升都发挥着不可替代的作用，为城市软实力建设提供了良好的环境保障。

2. 加强旅游生态环境和旅游资源的保护

（1）建立旅游环境监测体系。监测评估体系主要包括以下几个方面：第一，建立旅游环境管理信息系统。通过对生态的历史和现状信息的收集与统计分析进行环境质量评价、预测和控制。第二，利用卫星遥感与传统手段相结合的定期监测系统，主要用于大范围地调查生态状况信息。第三，旅游部门之间以及相关行业之间的信息交流体系，用以保证信息的获得和结果的反馈。第四，生态环境评价指标体系，针对各地特点制定对景区景点生态环境的综合评价指标体系。监测评估体系主要依靠环保部门的环境监测网络完成，生态环境的监测对象包括各景区的植被变化、森林资源变化、动植物数量变化、土地利用变化、气候环境变化和环境因子变化等。

（2）倡导循环经济发展模式，注重旅游与其他行业协调发展。循环经济是物质与能量能够得到高效、循环利用的经济，是一种良好的生态经济持续发展模式，是社会经济可持续发展的具体实现模式。在社会经济发展中倡导循环经济发展模式，在实践操作中，通过节能减耗，废物循环利用降低社会经济发展对生态环境的污染和破坏。

（3）加强生态旅游示范区的建设。生态示范区是在以行政单元为界线的区域内，在科学规范、有序引导的基础上，达到经济效益、社会效益和环境效益相统一。建设生态示范区作为生态环境保护工作的重要组成部分，以生态学和生态经济学原理为指导，通过生态示范区的建设，可以在很大程度上改善城市生态环境。城市旅游生态示范区的建设要因地制宜、统一规划、突出重点、分步实施。要强调旅游发展的经济效益和生态效益相结合，与新农村（牧区）建设及全面建成小康社会相结合，使之成为推动旅游业健康持续发展重要举措。

二 旅游、社会文化环境与城市软实力

社会文化环境是城市软实力构建的重要外部条件。广义的文化是指人类物质和精神财富的总和。文化是人类在劳动中创造出来的，社会也是人类生产与生活的产物。人类自身的繁衍、发展，人类文化的创造与文明的进步都与社会的发展紧密相连；人类也必须结成一定的关系，才有可能创造出文化。因此，文化是人类社会发展的产物，在这个意义上，文化就是"社会文化"。社会文化有独立性、多样性、地域性和民族性等特点。社会文化包罗万象，与旅游发展直接相关的主要是价值观、民俗文化等。旅游业的发展对城市旅游目的地社会文化环境有着重要的影响作用。

（一）旅游对城市旅游目的地社会文化环境的影响

1. 旅游发展影响城市民俗文化环境

民俗文化环境是构成城市旅游吸引力的主要因素。民俗文化是通过与人类物质生活紧密相关的衣、食、住、行表现出来的，同时，民俗文化环境的差异与地理环境的区域性差异密切联系在一起。处于不同地理位置的城市，一般具有不同的民俗文化特点。在旅游活动开展过程中，受经济利益的目标追求，城市旅游目的地居民一般需要服从于客源地旅游者的需要。这种刻意的迎合，容易造成城市旅游目的地民俗文化的仆从性和妥协性，当地的传统民俗文化或被弱化或被同化异化，城市原先独特的地域民俗文化可能会面临毁灭性的灾难，城市的旅游吸引力也会因为地域文化的逐渐消失而遭受根本性的削弱。可见，旅游业发展对城市旅游目的地民俗文化环境有着重要的影响。

2. 旅游发展影响城市文化价值观

作为漫长历史积淀而形成传统文化价值观，既具有相对的稳定性，也具有一定的动态性。伴随着旅游活动的开展，旅游者前往城市旅游目的地进行观光游览活动的同时，也带来了各自原有的价值观念。旅游者自身的文化价值观会与城市旅游目的地原有的文化价值观发生激烈的碰撞。如旅游者的高消费能力，容易引起当地居民的误解，他们在过高地评价客源地游客文化价值观的同时，贬低自己原有的文化价值观，认为客源地的一切都好；受旅游者富有、时尚的外表及奢侈、大方的消费行为，容易引起城市旅游目的地居民的盲目模仿，同时导致文化自卑感的形成。可见，旅游业发展对城市旅游目的地文化价值观有着重要的影响。

（二）旅游社会文化环境优化的对策

由上述分析可见，旅游对城市旅游目的地社会文化环境有着重要的影响，而城市社会文化环境与城市软实力的形成和发展有直接的关系。多年来，各个城市在旅游业发展中重视文化环境的营造和优化，如新的文化设施建设、文化景区（点）的建设、文化节庆活动的举办、优秀旅游城市的创建、文明旅游企业的评比、文明旅游服务活动的开展等，其宗旨就是营造城市整体的旅游文化氛围，优化地区社会文化环境。但受认识的局限，以及人作为旅游活动的主体和社会文化的传播者，素质水平参差不齐，出现了旅游经营唯利是图，扰乱市场秩序；少数人价值取向扭曲，破坏社会安定；旅游者不文明行为对旅游资源和旅游设施造成破坏；对民族文化的认同感降低，导致民族文化衰败等现象。因此，在旅游发展过程中注重优化旅游对城市社会文化环境的影响，协调旅游、社会文化环境与城市软实力的关系，提高人的行为标准和思想意识，是促进城市软实力提升的主要因素。我们可以从以下几个方面进行优化，促进城市软实力的发展。

1. 在旅游发展中树立社会文化和谐发展理念

首先，树立科学的旅游业发展观。实现可持续发展是当今社会任何一项产业发展的必然选择，对于城市旅游目的地社会经济发展而言，旅游发展所带来的社会、经济效益应该是持久的，在步入社会经济发展更高阶段的过程中，旅游业逐步会成为社会经济发展的重要支柱之一。而持单纯地追求经济性的旅游业发展观，得到的只是短期经济效益的提高，并不能持久地促进旅游目的地城市社会的不断进步。因此，只有在科学发展观的指导下，在促进社会全面进步和社会文化继承、交流、发扬的基础上，保护旅游资源，发展旅游业，才可以避免旅游业发展付出高昂的社会成本和生态成本，从而实现城市整体可持续发展。

其次，协调传统文化与现代文化的关系。旅游活动本身就是差异性社会文化之间相互碰撞和相互交流的过程。这其中反映最为强烈的就是传统文化与现代文化的相互融合、相互接受的过程。在旅游发展过程中既不应损害传统文化原有的内涵和价值，又能使传统文化沿着现代化发展的方向传承下去，在继承传统文化基础上进行创新；既不守旧，又不标新立异；既为旅游者提供富有传统文化内涵的旅游产品，又以现代文化的理念创新旅游开发管理模式，从而促进旅游业的全面发展。

最后，推动不同文化的借鉴与交流。不同地区的文化差异是旅游活动产生的根本动因，旅游者到旅游目的地进行旅游活动的主要目的是了解当地民族风情、生活习惯、文化艺术、发展历史等，同时旅游者也将自己拥有的文化理念带到了旅游目的地，并通过自己的言行潜移默化地影响当地居民。因此，旅游可以促进不同文化之间的交流和传播，有利于消除地域间的偏见，增进民族之间的相互了解。同时在一定程度上起到了保护传统文化、改善旅游目的地社会文化环境的作用。但我们也看到，在这些积极作用发挥的同时，也出现了一些负面影响，诸如受强势文化的影响处于弱势的社会文化便显出许多的扭曲，本土文化逐步淡化甚至消失，失去其原有的旅游价值等。

因此，在旅游发展中，合理拓展旅游资源，在适应大众旅游需求的同时，立足城市独特的地域文化特征，塑造城市特有的文化风格和文化自尊，创造出具有地方特色的旅游体系，进而增强城市旅游目的地的旅游吸引力。

2. 在旅游发展中注意城市民俗文化的弘扬

在文化不断发展的过程中，民俗文化被逐步定义为某一个民族文化的主要象征，民俗文化旅游也逐渐成为人们了解各民族文化，体验异类文化情调的主要旅游形式。为适应旅游者对民俗文化的旅游需求，城市旅游目的地把民俗文化资源列入了重点开发的对象。民俗文化作为旅游资源开发必然出现"原真性"需求与"扭曲性"供给的矛盾现象，"扭曲性"对城市民俗文化保护构成的直接威胁是显而易见的。即使是"原真性"开发也会因文化差异所产生的文化冲力的冲击而使民俗文化失去原有特色，社会文化的表现方式日益与外界趋同，其旅游吸引力日益下降。诚然，民俗文化的传承、变迁、整合和发展在旅游业的发展过程中不可避免，促进民俗文化在城市沃土上传承、整合和发展，成为旅游可持续发展的基础。

首先，要树立可持续发展的观念，深入认识和理解民俗文化可持续发展和民俗文化环境的保护与改善的问题。民俗文化开发与保护是一对矛盾，民俗文化可持续发展就是在开发利用与保护之间寻求平衡。作为旅游资源的民俗文化开发利用，应建立在科学论证的基础上，进行适度的、有条件的开发，使之与当地社会、经济、文化发展水平相适应。

其次，营造民俗文化的环境氛围。良好的民俗文化环境的营造是使居民真正理解民俗文化的内涵，坚守文化自尊，参与到民俗文化旅游活动之中。鼓励和引导当地居民注重民俗礼仪、恪守民俗风俗，开展地方独特的民间民俗文化展示活动中，使旅游者真正体验到朴素、自然的民俗文化。同时，在旅游发展中要吸收居民参与，使他们分享旅游发展的利益，增强居民对拥有民俗文化资源的自豪感、责任感，促进民俗文化的持续发展。

最后，提高民俗文化的精神品位。民俗文化除了形式上的与众不同和美感以外，还有其自身本质的内涵。因此，在民俗文化作为旅游资源开发的过程中，不能只是着眼于旅游者的好奇心，更重要的是应该充分尊重民俗文化的本质和内涵，只有这样才能保持民俗文化自身的特色魅力得以延续，其作为旅游资源的功能才能够充分发挥。

3. 在旅游发展中重视正确文化价值观的塑造

伴随着我国市场经济的建立与发展，对外开放程度的拓展与提高以及因旅游业的蓬勃发展所带来的对外沟通、交流的增加，我国民众的价值取向也正在发生着巨大的变化。国家强盛、人民富裕已经成为人们共同的社会价值总目标，自强、民主、平等、文明、和谐、竞争、效益等符合社会发展形势与要求的新价值观念逐步形成并日渐成为当代价值观的主流。因此，在旅游发展中倡导正确价值观的塑造是非常有必要的，首先，要加强价值观的教育，注意区别价值观的层次性。其次，要坚持和弘扬社会主义、集体主义、爱国主义价值观。最后，倡导效率与公平相统一的价值导向。树立正确的价值观，并坚持以正确的价值观指导旅游资源的开发利用，作为旅游经营的价值取向，促进城市软实力的发展。

本章小结

在前文关于旅游与城市软实力内在契合性分析的基础上，本书将进一步深入探究在城市软实力提升的过程中，旅游在制度保障、要素建设、传播转化方面所发生的协同促进作用及其内在机理。本章首先从"制度"、"财力"和"环境"三个方面来探讨旅游对城市软实力提升的保障协同。分析旅游在保障方面对城市软实力提升作用发挥的机理，旨在为旅游协同促进的城市软实力提升提供理论依据。

第一，旅游业发展为城市软实力建设提供制度保障。宏观上指城市的旅游行政管理方式、行政运行机制以及城市职能结构，微观上则具体包括城市的旅游规划管理、旅游行业管理、旅游营销管理、旅游市场监督管理等具体制度安排。在旅游业发展中，应合理地选择与安排城市相关制度，为城市软实力建设提供制度保障。

第二，旅游业发展为城市软实力建设提供财力保障。旅游业通过直接经济收入和间接经济收入的创造两个途径而为城市整体建设提供大量的资金来源，为城市软实力的提升提供充足的财力保障。其直接经济收入来源主要包括以"行、游、食、住、购、娱"等要素产业为主体的城市旅游产业体系；其间接关联收入来源主要包括文化产业、娱乐业、商业等城市旅游目的地相关行业。

第三，旅游业发展为城市软实力建设提供环境保障。按照有形与否，城市环境可以分为有形环境与无形环境。旅游业正是通过作用于有形自然生态环境与无形社会文化环境而直接影响着城市吸引力的大小，间接为城市软实力建设提供外部的环境保障。前者指旅游与环境之间本身存在着密切的交互作用关系，对城市环境有着直接的影响作用和关联关系。在旅游业发展过程中，城市旅游生态环境规划、城市旅游环境、城市旅游标志性建筑等城市旅游生态环境建设，必然有利于创造清洁、优美、舒适的城市环境，实现城市生态保护与经济发展、社会进步、文化渊源的高度和谐，有助于城市居民的生产力、创造力并促进城市文明程度不断提高，从而为促进城市软实力提升提供坚实的环境保障。后者指社会文化环境是城市软实力构建的重要外部条件。旅游对文化价值观、民俗文化等城市旅游目的地社会文化环境有着重要的影响，而城市社会文化环境与城市软实力的形成和发展有直接的关系。

第五章　旅游对城市软实力
提升的建设协同

在旅游对城市软实力提升的保障协同机理探讨的基础上，本章继续研究旅游对城市软实力提升的建设协同。分析旅游对城市软实力资源建设的作用机理，为旅游协同促进的城市软实力提升提供理论依据。

第一节　自然景观协同

城市自然环境是一个复杂的系统体系。这里，本节主要是从自然景观旅游资源这一角度来展开的，以区分于上一章节旅游业发展为城市软实力建设提供环境保障中所涉及的外部自然环境保障。"景观"是一个内涵抽象且边界模糊的概念，往往用来指代环境、风景、场所或地点，有时也用来指人们视线范围之内的连续平面。① 海德格尔把"建立一个世界"和"制造大地"作为作品的两个基本特征。②

目的地旅游城市通过其丰富的物质形态和独特的城市风情支撑着其作为巨大"作品"的存在。城市自然景观旅游资源既是城市旅游业发展的物质基础，也是城市旅游目的地形象构建的前提条件，其蕴含的城市意象铸成了城市旅游目的地形象的内涵；其显现的物态风貌凝聚着城市形象的个性特征，对城市软实力构建有着独特的影响作用。

---

① D. J. 沃姆斯利、G. J. 刘易斯：《行为地理学导论》，陕西人民出版社1988年版，第343页。

② 海德格尔：《海德格尔选集》（上），上海三联书店1996年版，第268页。

一　城市意象与城市软实力

城市软实力在某种程度上指的是城市历史文化、地域特色等城市性格和特质的综合反映。而城市意象正是一个城市源远流长的历史、异彩纷呈的地域特色、鲜明突出的城市性格的集合体现。城市意象包含着大量的城市地脉与文脉信息，体现出在特定城市地理区域内人们生产、生活的记忆、痕迹，是一个城市旅游目的地软实力的核心组成部分之一。

根据西方哲学的观点，认为人影响客观世界的发展，体现出人与客观世界的互动性，人类的发展要遵循客观世界的发展规律，人类本身就是客观世界的具体体现。世界的开放性，同时，人又受制于客观世界的发展，其本身是客观世界的体现。语言是人类和客观世界沟通、融合的特殊与关键渠道。"语言"将人与客观世界融合在一起，开启并构建着整个世界。世间任何事物都可以充当人与客观世界沟通的特定语言，其中也包括空间。在旅游者活动开展过程中，不可避免地充满着"人—空间"的对话与沟通，这一过程反映到人的头脑中就是所谓的城市意象，它是城市自然环境与人的沟通，最终体现到人的头脑中对于城市自然环境的反映，是人的头脑中或者人的"心眼"里的城市形象。

二　自然景观旅游资源与城市意象的符号表现

城市意象既是一个城市精神、个性、性格的本质，也是通过一定的载体表现出来的符号。城市自然景观旅游资源正是城市意象的载体，充当着城市意象庞大的记忆系统和外在体现。城市的自然景观环境，往往是人们共同的记忆和符号的源泉，蕴含着城市的独特历史及其流变，并在被人们认知过程中，形成对城市精神的认同和凝聚。城市自然景观环境的一草一木、一楼一街等都蕴含着各自的城市故事和传说，而城市自然景观又向城市居民和每一位到访城市的旅游者诉说着对城市精神的印记，提示着对城市文化的共同回忆。在城市自然景观构建中，特定的景观形态可以对城市意象起到建构、强化或者恢复的作用。在以原有景观为主导的城市自然景观构建中，通过充分利用原有的景观线索，恢复和强化已有城市意象；在以新建景观为主导的城市自然景观构建中，创造性地将不同于以往的和一定的特征融合到景观中，对于增强城市意象能产生较大的作用。例如，桂林的两江四湖改造工程、阳朔的桂北民居街道改造项目，都是通过对城市原有自然景观加以改造，恢复、延续和强化原有的城市意象。

城市意象是一种对城市精神高度凝练的空间符号，它通过城市旅游目的地自然景观环境，即自然景观旅游资源，向人们诠释与表现着城市旅游目的地空间独特的属性，表达并传播着城市深厚的历史文化底蕴，不断彰显着城市特有的魅力。依据空间范围，城市意象符号可以分为大尺度的城市区域和中小尺度的城镇区域、景区区域、景点地点等多个层面。

（一）城市意象符号

行为地理学认为，人们往往对其经历与生活过的地方充满着复杂而深刻的情感，不同的地点上也常常集聚着现实世界的无数经验和意识。[①] E. 霍尔夫曾经指出，在一个被彻底分化的世界里，人类存在、行动于一个个地点之上，不断地使自己适应着环境的变化；与此同时，人类对这些地点的构成和自身对地点的体验方式还似乎不太理解。[②] 上文所涉及的地点可以等同于场所，代表着自然和文化的集合。场所（地点）一般都处于相对不变的位置，能够为视觉所感知并呈现出明显的持续状态。尽管每个场所（地点）相互都是有差异的，然而这些场所可以由人这一纽带通过人的活动将不同的场所（地点）彼此联系在一起。对于人与场所之间的关系，许多学者提出了自己的观点，其中，以"场所的意识"概念最具代表性。场所意识是场所的可意象性、象征性以及人的亲地情结的结合。亲地情结是指场所和人之间的感情纽带。人类亲地情结按照形式表现和深浅程度，可划分为美感反应、触觉反应、归属感等。这些情感反应在城市与人们的文化沟通与传播上有直接或间接的作用。

1. 大尺度区域的城市意象符号

对于一些区域范围较大的城市区域，城市意象可以表现为当地独

---

① D. J. 沃姆斯利、G. J. 刘易斯：《行为地理学导论》，陕西人民出版社1988年版，第345—346页。

② 同上书，第346—347页。

特的自然地理、环境生态等自然景观环境。奔腾壮美的大江大河、清丽静谧的山水湖泊、涛声拍岸的海滩岛屿等常常具有强烈视觉与心灵的震撼力；苍郁的森林草原、珍奇的生物物种等原始环境生态风貌常常使人惊叹不已；经过历史洗涤之后保存下来的人类文明精华，能瞬间勾起对一个民族历史沉甸甸的回忆，或是别具一格的地方风情浓郁的民居建筑、历史街道等，都可提炼成为城市意象的符号。北京的故宫、长城；巴黎的埃菲尔铁塔、香榭丽舍大街；北海的银滩等都是城市意象的典型符号。

2. 中小尺度区域的城市意象符号

在历史城镇、国家公园、旅游景区（点）等中小尺度的城市内部区域同样也存在着特定的城市意象符号。在中小尺度区域范围内，原生的自然环境、悠久的民居院落和历史街道，都能反映出城市自然环境和文化内涵的外在延续，将人们的思绪拉回到历史上某种时段，带给人们对业已逝去的岁月的人与事物的追忆和缅怀，通过城市自然景观的留存与城市的悠久历史文化形成一种鲜活直观的视觉联系，营造出城市特定的地方风气，给旅游者带来强烈的视觉感受和文化冲击，从而对城市意象产生明确而生动的认知。

（二）城市意象的建筑符号表现

一个城市的特色建筑作为城市意象的重要载体之一，在表现城市意象上作用较为明显。其原因在于旅游活动是以旅游者为主体连续开展的空间移动过程，游客在目的地城市的游览过程与体验感受和城市的建筑景观与空间环境有着密切的内在联系。城市旅游目的地整体意象在一定程度上是由城市所有的局部建筑景观形象共同构筑、抽象、融合而形成的，城市建筑景观在城市整体意象的构筑过程中有着非常关键的作用。这些建筑景观不仅承载着目的地城市的文化的发展脉络，同时还彰显着城市特有的时代精神。都可能在旅游者的头脑中成为构筑城市旅游目的地整体意象的外在符号，如北京的故宫、四合院；上海的外滩、东方明珠；南京的古城、中山陵；阳朔的西街；丽江古城等。

1. 城市意象与建筑语言

具有突出特色的城市建筑能给到访者带来强烈的视觉感受和文化

冲击，进而对特定城市形成鲜明的个性认知。若一个城市的建筑与其他城市不具备明显的差异性，是难以让到访者产生强烈的地方感认知的，对到访者形成整体城市意象特征和景观质量有较大的负面影响。但是，目前我国很多城市在城市建设中对建筑语言在城市意象构筑中所具有的作用重视程度非常不够，以致"建筑失语"成为城市建设中的通病。例如，新中国成立后，出于当时将北京定位于工业城市的城市发展目标，加之对古建筑、城市文化缺乏保护意识，幸免于战火的北京城墙不仅没有得到更加有效的保护，反而受到更大的破坏，以致具有五六百年历史和强烈地方意象的北京古城墙截至目前仅存寥寥数段零星的城墙，对气势磅礴、历史悠久的北京城市整体意象特征与景观质量无疑是大大的削弱。这种对城市古建筑保护的忽视，不仅反映在北京古城墙的拆除上，还体现在北京的旧城改造中拆除了很多破旧而历史悠久的胡同，原本可以修缮改造的胡同和四合院却简单地一拆了之，无疑是城市意象和文化的损失。又如云南丽江古城与云南香格里拉的中甸县城在城市建筑保护上就是截然相反的两个极端。云南丽江古城通过原汁原味的古貌斑驳的石拱桥、土木结构的瓦屋和四通八达的巷道等城市建筑景观无声而真切地向每位到访者宣告着你来到了云南丽江；而处于曾在无数游客心目中萦绕的梦境"香格里拉"中甸县城，其现有建筑与我国很多城市郊县乡镇建筑非常类似，除了街头比比皆是"香格里拉欢迎您"的宣传标语，很难将中甸县城与梦中仙境"香格里拉"联系起来。这种对城市建筑语言的漠视倾向，使得如今我国许多城市无论是在旧城改造还是在新城建设过程中，建筑外观缺乏地方特色，城市形态千篇一律，既无法实现城市已有的传统文化延续，也没有面向未来的城市建筑时代意象留存的前瞻展望，从而对城市意象产生负面的影响作用。

2. 地方感与传统建筑

城市建筑景观具有明确的象征意义，能在人与自然环境之间构筑起感情上的安全联系，带给人们一定程度的安全感。根据人类心理内在的潜意识，人们往往存在着一种倾向，希望能在人与自然之间形成某种情感上的稳定联系，这一倾向既体现在与自然环境的联系上，也可以在城市的建筑中得以体现。人们往往会因为某一地方的"依旧如故"而备感欣慰。因为熟悉，所以不但可以欣赏到她的优点，甚至还可以包容与接受她的瑕疵。剧烈的变化所导致的儿时美好回忆与纯真情感的缺失常常会让人们焦虑不已，失落满怀。① 在城市建筑语言中突出城市意象的关键在于保留城市特定的历史建筑，并使之成为城市地标性建筑。在很多国家对于历史建筑的保护都非常重视，如法国将2万个城市建筑列入严格控制的范围，被指定列入文物保护名单之中并由国家出资确保其修缮工作的真正落实；英国也同样重视其城市建筑对城市规划与发展的重要作用，不允许随意进行改变，要求任何城市规划必须在上述城市建筑基础上开展。这些对于城市传统建筑的规制措施，都反映出在繁华喧嚣的城市背后，历经沧桑的城市历史建筑不仅仅是历史文物，更是一种由生活特别是生活中的无数情感元素演绎而成的故事型情态符号②，能给人们带来对城市生活的温馨回忆与别样感悟，在传递城市文化和精神等意象方面有着独特的作用。

第二节　文化资源协同

　　城市文化旅游资源与城市软实力的价值内核构建有着密切的联系，对城市软实力提升起着明显的促进作用。而城市文化旅游资源又是城市旅游产品开发设计的基础和依据，在城市旅游产品开发设计过程中要注重城市文化旅游资源要素的多样化运用，以更好地发挥城市文化旅游资源要素对城市软实力的促进作用。本节在对文化旅游资源的文化要素运用进行梳理的基础上，从时间维度、内容维度等方面着力探讨文化旅游资源中文化要素之间的搭配、组合，进而分析城市旅游文化资源对于城市软实力形成的作用与价值，希冀明确旅游协同促进城市软实力提升的文化旅游资源要素机理。

---

　　① 西蒙·贝尔：《景观的视觉设计要素》，中国建筑工业出版社2004年版，第3—4页。

　　② 沈福熙：《城市意象——城市形象及其情态语义》，《同济大学学报》（社会科学版）1999年第10期，第18—19页。

一　城市文化旅游资源要素与城市软实力

城市软实力依靠城市文化得到受众的自愿接受与认同，强调城市文化获得的认同感。城市文化要得到受众的自愿接受与认同，要求城市文化本身具备较强的文化向心力。这种文化向心力就是城市软实力的价值内核，指的是一个城市文化的主流价值观。这种由精神吸引力所造成的强大文化向心力，必将强化城市居民对所处城市文化的认同，提升城市自身的凝聚力，同时能将到访者的受众转化为城市文化的精神追随者，使之成为现实的城市文化支持者。在城市软实力构建过程中，城市文化旅游资源包含着城市文化的核心价值观，维系着城市主流文化的传承与发扬，对城市居民和旅游者个体具有较强的塑造力，对城市自身的凝聚力和向心力有着直接的密切联系，具体体现在以下几个方面。

（一）城市旅游文化资源包含着城市文化的核心价值观

核心价值观指某一社会群体在认识、判断、评价社会问题时凭借的标准，以及采取相应行为的准则。当前我国核心价值观主要特征是以人民利益为标准，强调和谐、仁爱、平等、公平、正义、开放的价值观。[①] 旅游产品的开发正是基于城市文化旅游资源中蕴含的传统文化和价值观念而开展的。旅游产品通过客观存在的旅游吸引物、多样的旅游线路设置、丰富的文化内涵、多元的地域特色，把和谐、仁爱、共享、发展、开放等文化理念传递给旅游者，并作用于旅游者的心理活动，通过旅游活动这种潜移默化的柔性形式，不断扩大旅游文化资源包含的核心价值观的作用力和影响力，为核心价值观的构建提供保障。当前，无论是城市历史文化遗产旅游，还是城市文化传统习俗旅游，都是对其包含的中国传统文化精髓的反映和宣传，传递着和谐、共享、发展等核心文化价值理念。

（二）城市旅游文化资源维系着城市主流文化的传承与发扬

城市旅游产品通过形式多样的旅游活动开展，吸引旅游者自发地前来城市旅游目的地进行旅游观光游览、体验休闲等旅游活动，这种适应商业化的市场行为在客观上使旅游者的旅游活动开展过程中同时

---

① http：//baike. baidu. com/view/1114555. htm.

必然会感受到城市旅游文化资源中包含的城市主流文化，得到正面的激励和感染，进而形成对城市主流文化的认同与接受。城市主流文化是把城市居民凝聚在一起的无形纽带、文化因素，每个城市都具有其特有的城市主流文化，是每个城市区别于其他城市的文化标志和城市性格。旅游产业对主流文化的大力弘扬，显然能不断巩固和强化城市意识，促进城市文化的传承与发展，塑造每个城市特有的城市精神，推动城市文化凝聚力和影响力向前发展。

（三）城市旅游文化资源对城市居民和旅游者个体心理具有较强的塑造力

优秀的旅游产品以旅游文化资源蕴含的内在文化精髓为基础，以形式多样的旅游活动开展为依托，能引起城市居民和旅游者的感同身受，进而激发个体对道德情操的感悟和追求。人类传统文化中亲情、友情、爱情，以及诚实、勇敢、拼搏、自信等宝贵品质，都通过鲜活多样的旅游吸引物及其本身蕴含的情节感人的历史文化，在使城市居民和旅游者感受到愉悦快乐的同时，也感染着每个个体的心灵，引领着每个个体体验着城市旅游文化资源包含的亲情、友情、爱情，激发每个个体对真、善、爱的追求，陶冶着每个个体的情操与品德，以旅游活动这一潜移默化的形式让城市居民和旅游者实现审美心理与人生哲理感悟相统一，对城市居民和旅游者个体心理塑造有着较强的作用力，从而有助于城市居民对城市文化向心力、凝聚力的形成和旅游者对城市文化的认同感的提升。

二　城市旅游产品中文化旅游资源要素的运用

在城市软实力形成的诸多产业类型中，旅游业是文化影响力、凝聚力形成的核心产业之一。旅游产品及其传播过程中，其包含的旅游文化是具有无形性、影响力的柔性文化力量。这种由旅游文化旅游资源要素本身对其受众在精神和感知上所带来的柔性作用力量，正是旅游文化资源要素对于城市软实力的构建有着重要的影响作用。这种文化旅游资源对于城市软实力所发挥的作用，究其本质在于在旅游产业运行过程中旅游文化资源要素通过合理有效的组合、排列、调配等，使旅游产品中蕴含的文化的内在结构和要素构成能对受众产生强大的精神动力和文化张力，从而对城市软实力形成正面的促进作用。

具体而言，旅游文化资源本身就是各个城市文化的历史沉淀，有着丰富的文化内涵，并随着旅游文化资源的开发利用，深入发掘其包含的文化精髓，由此形成对城市软实力的文化作用方式及效果是非常明显的。在旅游文化资源开发过程中，将丰富的民族元素、地域元素、古今元素等文化资源通过旅游产品、纪念品的形式推向旅游者，实质上也为各个城市文化的传承和推广提供有效的手段。同时，不同城市的旅游文化产品存在着明显的差异，这在一定程度上反映出各个城市不同的文化底蕴和地域特色。因此，有必要从时间、文化内在差异等方面，对旅游产品中蕴含的文化旅游资源要素的搭配运用进行简要梳理。

（一）城市旅游产品中古今文化要素的渗透使用

古今文化元素在旅游产品中的渗透使用，使旅游产品向历史文化资源的内涵深入发掘，达到文化要素跨越时空的鲜活呈现，对旅游者的心灵和感知产生较大的震动。同时，随着跨文化旅游活动的开展，城市悠久的历史文化积淀也使得旅游产品开发有了丰富的文化源泉，为旅游产业发展提供了充足的原动力。如成都的历史文化街区——成都宽窄巷子既有传统的川菜火锅、小吃、盖碗茶、老茶馆等老成都文化元素，为游客体验成都老居民民风民俗提供机会，也有泡吧、K歌等现代文化元素，为游客提供现代休闲娱乐的场所，这些古今文化元素的渗透使得成都成为游客广为推崇的知名旅游目的地，为当地城市旅游业发展提供了强大的动力。此外，城市文化旅游资源的创造性渗透、创意化组合，还可以衍生出新的城市文化旅游资源，为城市文化发展提供新的内容。

（二）城市旅游产品中同质与异质文化要素的相互搭配

全球一体化为世界性资源共享提供了可能，精神传播的无边界性进一步促进了文化的全球共享。鉴于旅游业本身的开放性、跨文化交流性等特性，旅游产业在依托本地特色文化资源的同时，也非常注重对异质的文化元素的吸收与利用，其对文化资源的整合能力也是非常强的。在旅游文化资源开发中，旅游业注重结合自身的特色与时代的精神相结合，通过创造性的构思、创作不断寻求新的同质与异质文化的创新性结合，以获取更高的文化感受力；在旅游营销推广中，强调旅游产品内涵的多元化解读，力求符合跨文化运行传播的内在规律，通过多样化的文化符号表现形式作用于旅游者的心灵和精神层面。

同质与异质文化要素在旅游产品中的组合运用，促进了文化的交流与传播，使城市原有的文化形态能够吸收更丰富、更优秀的异质文化要素来丰富发展自己，提升城市本身的魅力和内在结构的张力。在文化的交流与融合过程中，旅游产业本可以从城市传统文化中挖掘出优秀的旅游产品，但由于暂时缺乏对城市原有文化资源与异质文化整合开发利用的思路或手段，就目前而言还未真正出现具有震撼性的城市文化旅游产品推出，在实现经济价值的同时使城市文化有着广泛的影响力和传播力。

第三节　人口素质协同

1954 年彼得·德鲁克在其著作《管理的实践》中提出"人力资源"这一概念并加以明确界定。之后，舒尔茨（Theodore William Schultz）针对古典经济学家长期以来未曾解决的经济增长的源泉之难题，经过多年的研究，提出国家和地区富裕的根本在于其人力资本的强弱。他用这种理论成功地解开了当代富裕之谜。这种观点被当代经济学家普遍接受，经济学家认为国家（地区或组织）致富的源泉已经不再是机器、厂房、土地、资金等，唯独人力资源才是组织和国家发展之根本。① 作为经济活动中有价值的资源——人力资源，越来越受到人们的重视。

旅游业是劳动密集型行业，旅游业的发展在相当大的程度上依赖于旅游人才的状况。不仅如此，旅游业能否对该城市软实力的提升做出较大的贡献，也取决于该城市所拥有的旅游人力资源的数量和质量，取决于旅游人力资源能否得到合理的开发和管理。旅游人力资源作为城市人口素质的重要组成部分，指的是特定历史背景下，城市的人口在体力、文化、技术以及道德等方面的综合状况与水平。作为城

---

① 余凯成：《人力资源管理》，大连理工大学出版社 2001 年版，第 2—3 页。

市软实力的重要资源，人口素质的高低是一个城市经济社会发展最为能动的因素和动力，其整体水平的高低直接影响着当前城市发展的水平，也决定着未来城市发展的程度。具体来讲，旅游人力资源对于城市软实力的影响机理主要体现在旅游教育、旅游人力资本再造两个方面。

一　旅游人力资源与城市软实力

旅游人力资源开发与管理指的是为了实现组织的既定目标，依赖于科学的技术和先进的管理对组织成员所进行的获取、激励、调控以及有效利用等活动的总和，是旅游组织目标得以实现的有效手段。旅游人力资源开发与管理在高度重视人的价值观的同时，也特别关注旅游组织中人与人、人与工作、人与组织以及人与环境的密切联系（如图 5 - 1）。

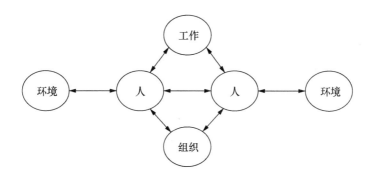

图 5 - 1　旅游人力资源开发与管理范畴

良好的旅游人力资源开发与管理不仅体现在员工工作满意度与生活质量的提高，还包括其组织竞争力的加强和生产率的提高。工作生活质量反映了旅游从业人员在工作中所产生的心理和生理健康的感觉，而生产率则反映了一种投入和产出的关系，即产出的旅游商品或提供的旅游服务与投入的人财物的关系。

旅游人力资源是旅游产业的重要生产要素，其数量和质量都会影响到城市旅游目的地软实力。其具体的影响机制体现在以下几个方面。

（一）劳动力数量能通过提高旅游目的地旅游产业绩效促进城市软实力提升

劳动力作为旅游产业生产的一个要素，对旅游目的地软实力的影响首先表现在对旅游产业绩效水平的影响上。尽管相对于资本要素而言，劳动力要素在我国还较为丰富，但与我国迅速扩大的旅游市场需求和迅猛发展的旅游业相比，我国旅游业劳动力资源还比较缺乏，因此，充足的旅游人力资源要素能为旅游目的地旅游业发展提供必要的劳动力支持，促进旅游目的地旅游业的发展，提升旅游目的地旅游业的绩效水平，有助于旅游目的地形成繁荣发达的旅游业，解除游客前往当地开展旅游活动对于食住行游购娱方面的顾虑，对客源地旅游者形成较强的旅游吸引和较高的认知印象。

（二）劳动力质量能通过提高旅游目的地旅游服务水平影响城市软实力提升

除了劳动力数量之外，旅游人力资源的质量也是旅游产业运行的重要因素之一。旅游业属于典型的服务行业，旅游从业人员素质的高低不仅影响着旅游产业的产出水平，而且影响着旅游产业的产出质量。即使是在旅游产业人力资源数量一定的条件下，旅游人力资源质量的高低也极大程度地影响着旅游产业的产出水平和质量。马克思在劳动价值理论中，已经充分肯定了复杂劳动与简单劳动相比所具有的优势和特点。同时，在旅游行业中，其服务人员具有的素质水平，如导游员、酒店服务员等，作为旅游者在旅游目的地旅行经历的现场"协调者"、具体"执行者"和"服务者"，是旅游者认识城市、了解城市的重要媒介和渠道之一。旅游服务人员一次不经意的失误，都可能影响旅游者的旅游感知体验，导致旅游者对城市感知产生偏差和误解，对城市旅游目的地形象产生巨大的负面影响作用。因此，良好的旅游人力资源质量不仅影响着旅游目的地旅游产业的产出水平，而且影响着旅游目的地旅游产业的产出质量和服务质量，有助于在客源地游客心目中树立旅游目的地旅游产业良好的整体形象，促进城市旅游目的地的软实力提升。

二　城市居民、旅游者素质与城市软实力

在城市人口素质方面，除了旅游人力资源数量和质量对城市软实力有着重要影响之外，还需要重视城市居民自身素质、城市出游者素质对城市软实力的影响作用。

（一）城市居民素质与城市软实力

1. 城市居民素质对城市软实力的影响机制

城市居民素质是城市居民在先天禀赋和传统文化影响的基础上，在同时期社会的政治、经济、文化、科技、教育等因素直接影响和作用下，通过内化后所表现出来的相对稳定的性质。城市居民素质以内在的形式存在于人的本身，只有城市居民素质与外界进行接触时，才表现出其内在的属性，显露出个人的素质水平。城市居民素质的高低从两个方面影响旅游业和城市软实力的发展。一方面，城市居民素质高低决定了旅游目的地旅游人力资源质量高低，成为影响旅游微观经济主体经营绩效的主要因素和影响旅游目的地旅游服务水平高低的主要因素，进而影响城市旅游目的地软实力的程度。另一方面，城市居民素质直接影响安全、卫生、方便、舒适、轻松和愉快的人文社会环境的营造。旅游活动是在城市旅游目的地特定的人文环境中进行的，人文环境的好坏直接影响旅游者旅游体验的质量，影响旅游者对城市旅游目的地旅游吸引力的评价。因而，优良的城市居民素质可以增强并维持城市旅游目的地软实力。

2. 旅游业发展与城市居民素质

社会的发展造就高素质的人才，也需要高素质人才的推动。旅游业作为一项服务产业，其发展需要高素质公民的参与，城市软实力提升更需要高素质的城市居民参与。在激烈的城市软实力竞争中，决定一个城市软实力的重要因素是这个城市整体居民素质。一般来讲，人的素质越高，其能力就越强，共同营造出的社会文化环境也就更具有文明特征，创造出的文化也更具生命力。提高城市居民素质是一项综合的系统工程，在旅游业范畴内其最根本的途径就是大力发展旅游教育事业。发展旅游教育事业既能够培养具有旅游专业素养的旅游人才，充实旅游企业经营、旅游管理队伍，为旅游业发展创造良好的条件，也能够塑造良好的国民精神，提高城市居民的科技素养，提高城市居民的道德水平，提高城市居民的身心素质，营造良好的社会环境。

（二）城市出游者素质与城市软实力

1. 城市出游者素质对城市软实力的影响机制

城市外出旅游者既能帮助旅游者扩大视野和增长知识，也能通过外出旅游了解其他城市或地区的文化。城市旅游者前往旅游目的地游览活动，也是展示城市居民特别是外出旅游者人文素质，乃至城市软实力的重要载体。旅游者在观光游览旅游目的地风景的同时，其本身也会成为旅游目的地居民观察了解的对象，就如同卞之琳在《断章》中所说的："你站在桥上看风景，看风景的人在楼上看你。"随着我国旅游业的迅猛发展，不同城市的居民通过旅游这种方式进行交流，难免会由于城市出游者素质的良莠不齐而带来一些不文明行为和现象，不论是这些旅游者出自有意还是无意所流露出原有的生活陋习，都有可能导致对旅游目的地居民生活的干扰和对当地生活习俗的不尊重，容易使旅游目的地民众产生或多或少的反感和排斥，特别是通过当前大众传播时代的媒体放大效应，即使是极少数的个别行为，也容易在旅游目的地民众心目中产生"标签"效应，对个人所属的客源地整体民众外在形象产生负面的影响。2006 年国家旅游局在其官方网站公布的《中国公民出国（境）旅游常见不文明行为》和《中国公民国内旅游常见不文明行为》中，列出了中国公民出国（境）旅游 10 个方面的常见不文明行为，正是长期的这些陋习的反复发生，使得一些国家不得不专门用中文书写提示标语，这无疑对中国人在旅游目的地当地民众中外在形象树立是一个极大的"讽刺"，也引起了社会各界的广泛关注和忧虑。

之所以出游者容易产生一些不文明行为，主要是因为与日常生活相比旅游活动是一种具有明显异地性、暂时性的生活方式，容易在旅游心理中引发道德感、责任感不同程度的下降，原有的社会角色约束减弱等特点①，进而产生不负责任的不文明行为。具体可分为以下几个方面的影响。

（1）违背社会公德的行为损害客源地城市的整体形象。城市出游者在其旅游活动过程中表现出的乱扔垃圾、随地吐痰、大声喧哗、插

---

① 谢彦君：《基础旅游学》，中国旅游出版社 2004 年版，第 175—176 页。

队等不文明行为虽说并非旅游者有意识的自觉行为，也可能被目的地居民与其他游客视作游客个体在道德方面的缺失，但在城市之外，每个出游者都是城市的"形象大使"，其所代表的不再仅仅是他自己，而一个客源地城市整体民众的形象。城市出游者在旅游目的地发生的有悖于社会公德要求的不文明行为会对客源地城市整体形象产生极大的负面影响，也无益于客源地城市软实力的构建。

（2）低俗的旅游消费行为败坏城市社会风气与文明。低俗的旅游消费行为表现在城市旅游者在外出旅游特别是出境旅游过程中进行的有害于身心健康、为法律所不允许的旅游娱乐消费活动，最为典型的是赌博、色情活动的参与。城市出游者利用旅游途径参加境外赌博活动的趋势已是越来越明显、突出。除了传统的澳门，我国周边国家都瞄准我国的出境旅游市场，或是在其边境地区设立赌场，专门吸引中国出境游客前往参与赌博活动，如俄罗斯、朝鲜、缅甸、越南等一些相邻国家，或是以简化入境手续、赠送往返机票、免费食宿等招揽手段吸收我国出境游客，如马来西亚、新加坡、韩国、日本、澳大利亚等。此外，中国出境旅游者趁旅游之便在旅游目的地进行色情消费者也屡见不鲜，一些色情业发达的国家往往成为这些旅游者首选的旅游目的地。这种奢靡的旅游消费行为不但是对城市出游者自身形象及其代表的城市整体形象的极大损害，也容易将这种不良的旅游倾向和行为带回客源地城市，败坏客源地城市原有的社会风气，导致对城市软实力提升产生强烈的负面影响。

（3）有违于客源地风俗习惯的行为伤害当地民众感情。因地域、民族等的不同所导致的旅游者与目的地居民之间在饮食、文化习俗等方面的差异，往往会促使旅游者在对异域风情的尽情体验中无意识地做出违背旅游目的地风俗习惯与当地禁忌的不良行为。如我国彝族风俗禁忌包括忌戏耍动头；众人面前说脏话；彝族家有病人时忌说死伤之类的话；忌说"杀年猪"，而要说"抓年猪"或"拿年猪"；忌对婴儿用"胖"、"漂亮"、"重"之类的赞词；忌夜间吹哨；忌拿灵长动物（熊、狗、猴、猫等）肉进屋，也忌食其肉等。在我国，大眼睛、双眼皮是美的流行元素与典型特征，人们往往通过赞美孩子眼睛的漂亮来表达自己对孩子的喜爱。但在伊朗，却万万不可轻易评价哪怕赞美孩子的眼睛，稍有不慎，就有可能会因原本善意的赞美而给孩子带来失去眼睛的毁灭性灾难。在中东国家或地区，左手往往象征着不洁、不礼甚至是不祥，在这些国家与地区接、拿东西特别是吃饭都绝对不可用左手，而只能用右手。因此，如果对客源地城市或国家文化禁忌缺乏了解，无意地触犯客源地城市或国家民众情感的行为就会时有发生，这既无益于城市出游者作为"民间外交大使"的形象树立，也会对城市软实力的构建带来不利的影响。

2. 旅游业发展与城市出游者素质

城市出游者在外出旅游过程中出现的违背社会公德的行为、低俗的旅游消费行为和有违客源地风俗习惯的行为，既有地域和文化差异所导致的无意识行为原因，更为重要的是旅游活动本身具有的暂时性、异地性等特性，容易造成出游者道德束缚的解除、知觉感受性的下降、心理解放感的增强。正如荣格所言，特定环境下，人们往往容易卸下惯常的人格面具，做出各种不道德且卑劣的行为。① 这种明显带有集体性与普遍性特征的旅游不良行为，虽说并非旅游者有意识的自觉行为，但其危害性极大，不仅严重破坏着旅游目的地的自然环境与传统文化风尚，而且对客源地城市良好社会形象的塑造与传播都有着深远的负面影响，严重制约着旅游客源地城市软实力的建设与提升。要规范城市出游者的出游行为，树立城市出游者及城市整体良好形象，既需要每位城市出游者加强道德修养，提高道德自律水平，也需要城市有关部门进行必要的宣传和引导。

（1）加强行为规范指导。除了目前已有的《中华人民共和国旅游法》、《中国公民出境旅游文明行为指南》和《中国公民国内旅游文明行为公约》等规范性法律规范，全国旅游协会还应在此基础上出台更加详细、更为具体的指导手册，作为指导性的推荐指南为旅游者出行过程中旅游行为进行更加具有可操作性的指导，引导和规范旅游者的旅游行为。

（2）加强行为规范宣传教育。旅游管理、环保等政府部门以及行业协会应通过报纸、电视、广播、互联网等多种媒体加强旅游者的旅

---

① 刘毓航：《荣格人格理论的德育意蕴》，《教育前沿》2007 年第 8 期，第 6—9 页。

游行为规范宣传推广，大力宣传不适当的旅游行为可能会带来的负面影响，特别是教育旅游者以及社会公众不文明旅游行为可能会对当地文化习俗、生态环境造成的损害，同时，有关监测部门也应定期向社会公众公布旅游者的旅游行为对旅游目的地城市带来的文化、环境方面的损害，通过种种措施强化旅游者对旅游活动与旅游目的地文化、生态环境关系的认识。

（3）加强行业管理力度。在旅游活动开展过程中，作为组织者和接待者，旅行社和旅游景区应切实采取有效措施加强对旅游者的不文明行为管理，以减少旅游者不文明行为的发生。如旅行社可采取游览手册印发、游前注意事项讲解、导游的提醒监督等多种措施来引导、规范旅游者的行为。特别是在旅游目的地游览过程中，导游是旅游者行为实际的引导者和监督者，其自身的行为也能对旅游者行为起到良好的示范作用，因此，导游既要提醒游客在游览过程中的行为开展，对游客不文明行为进行切实的预防、规劝，也要从自身做起约束自己的行为，表现出对旅游目的地文化、环境负责任的行为。

（4）加强行为监督力度。除了行为规范的立法、管理之外，还需要有强有力的行为监督来保证对旅游者行为的约束。其一，强化旅游行业法律法规等规范的监督，保证有法必依、执法必严；其二，对旅游者发生的不文明行为进行适当的处罚；其三，注意营造良好的社会文明氛围，通过媒体舆论监督对旅游者不文明行为进行必要的曝光。通过上述种种措施，分别从法律、经济、行政等方面加强对旅游者行为的监督。

第四节　社会形态协同

所谓和谐，是指特定系统的构成要素处于协调发展的状态。城市社会和谐是指城市的各个阶层、部分以及要素均处在一种协调的良好状态之中，和谐的城市往往彰显着无限的生机与活力。和谐有序的城市环境，是城市社会各项活动开展的前提和基础，其有助于城市各种生产要素的合理流动、城市企业的顺利发展和城市居民的安定生活。

一个政治团结安定、经济开放、充满活力的和谐城市，无论对于城市产业发展，还是对于城市居民和外来游客都有着较强的吸引力。因此，城市社会和谐也是城市软实力的重要方面。而城市旅游作为城市经济社会的重要组成部分对于城市社会和谐又有着多种形式影响。

一　城市社会和谐与旅游业发展

在社会主义和谐社会构建的时代背景下，城市旅游业的发展因"和谐社会"这一宏伟目标而更加坚定了其前进的方向。旅游业作为国民经济重要组成部分之一也应致力于构建和谐旅游业，为和谐社会的宏伟目标实现做出应有的贡献。与此同时，旅游业的和谐发展将有助于城市社会和谐，旅游业和城市社会和谐存在着内在的契合性。

（一）旅游活动推进城市人与自我的和谐

20世纪40年代以来，国内外许多学者围绕旅游属性问题从不同角度进行了探讨，分别从经济属性、社会属性、文化属性、综合属性对旅游概念进行概念性或技术性的诠释界定。当前，受经济导向的整体发展目标影响，将经济属性作为旅游业的主要属性，而忽略旅游的其他本质属性。在一定程度上，作为人们生活的必要方式之一，旅游是旅游者的日常生活在旅游目的地的延展，旅游活动更是人们活力再造、素养提升的过程，是人类实现自我发展与完善的有效途径。旅游者在旅游活动开展过程中对于视野扩大、身心愉悦、情操陶冶、道德提升的追求，本身就说明实现人自身的和谐发展是旅游的本质追求。邹统纤（2004）提出，旅游活动可以帮助人类通过对自身精神的调节或精神的平衡实现"现实自我"与"理想自我"的统一。[①] 人们或是期待在旅游活动中实现在"现实自我"中缺乏的新奇感、自尊感等，得到对于"理想自我"追求的精神补偿；或是期待在旅游活动中释放压力、缓解紧张，暂时摆脱在"现实自我"中由于现实竞争、社会责任等所带来的心理压力，得到对于"理想自我"追求的精神解脱。因此，旅游活动可以释放人们的情感并平衡人们的心理，最终实现人与自我的和谐。人自身内心实现了和谐平衡，必将促进人释放出更多的活动、创造力和正能量，有助于社会整体和谐。因此，旅游活动开展

---

① 邹统纤主编：《旅游景区开发与管理》，清华大学出版社2004年版，第45—46页。

推进着城市的人与自我关系的和谐，对城市社会和谐起着重要影响作用。

（二）旅游活动推进城市人与人的和谐

John Swarbrooke（2001）强调了旅游消费活动所具有的服务性、暂时性以及共享性。[①] 如游览九寨沟的旅游者在游览景点时不可避免地与其他游客一道共享旅游景区的自然风光，即旅游景区并不能排斥任何阶层的旅游者，无论这个旅游者在现实生活中是何种身份、收入如何、社会地位如何，每个人都有平等的权利去享受旅游景区的产品和服务。显然，这种平等游览的权利有利于旅游者在游览过程中与其他游客平等交往，同时，由于旅游活动的异地性、暂时性，使得处于旅游过程中的游客可以暂时免除原本的社会角色约束，卸下社交化的"面具"，容易展示出每个人"理想自我"的一面。在旅游活动对于真善美的追求过程中，旅游者容易与同游的旅伴形成较为和谐的人际关系。在旅游活动过程中，旅游者还会接受旅游企业服务人员的服务，礼貌热情的高质量服务会对旅游者的心理产生潜移默化的积极影响；旅游者还会感受到旅游目的地当地居民的友善态度，当地居民的温情和友善也会影响旅游者的心理。此外，一些特定旅游产品本身就包含了要求参与者必须团结合作、互相帮助才能一同完成旅游活动，如时下较为流行的拓展训练专项旅游产品。当旅游活动完成后，旅游者返回现实生活中，就会自觉或不自觉地产生人际关系的"换位"思考，用同样的友善态度去对待现实生活中周围的人，和谐的人际关系便会自然形成。因此，旅游活动对人们之间交往、沟通的增加以及和谐人际关系的促进，也极大地推动着旅游目的地城市与客源地城市和谐城市构建的进程。

（三）旅游者的流动推动城市的人与社会的和谐

尽管人们出于对身心愉悦和精神放松的目标开展旅游活动，形成各种形式的旅游者的流向，但在引起旅游者流动的具体方向上对于旅游目的地差异性的追求不得不被视为另外一个重要原因。文化的历史

---

① 约翰·斯沃布鲁克：《旅游消费者行为学》（第二版），东北财经大学出版社2001年版，第166—168页。

变迁带来现代文明与古代文明之间的差异，引发人们前往名胜古迹进行旅游活动；工业化发展所带来人们居住环境与原生态自然环境的巨大差异，引发人们前往风光优美的自然景区进行旅游活动；居住地域的差异所带来的政治、经济、社会与文化的独特性以及人们对异域风情的渴望引起各个区域的人们彼此到对方的居住地区进行旅游活动。在上述背景下，当前我国旅游者的流向主要有由城市向农村流动和由富裕地区向贫困地区流动两个方面。通过这两个方面的旅游者流动，通过旅游产业的带动效应和关联效应，促进社会资源在城市与农村、发达地区与落后地区之间的流动，有益于我国地区间的平衡发展，实现先富带动后富。同时，旅游活动伴随着大规模的文化传播与交流，能促进旅游目的地与旅游客源地、当地居民与旅游者之间的社会文化交流与传播，促进人与社会的和谐发展。

二 旅游业促进城市社会和谐的路径

旅游业是实现城市社会和谐的重要力量，对城市社会和谐的实现有着重要的影响作用。但是，受经济功利目标的导向，在城市旅游发展过程中常常产生一些不和谐的行为和现象，如旅游目的地开发的过度商业化和城市化，旅游目的地优秀文化与传统美德的消退，良好社会风气的败坏与恶化，旅游经营中的刻意欺诈与恶性竞争以及农村与城市旅游发展中的不平衡等。这些既不利于城市旅游业的可持续发展，也无益于城市社会和谐的实现。因此，在城市旅游的发展过程中，要在"和谐旅游"理念的指导下，大力推进旅游业与城市政治、经济、人口、社会、文化与环境的全面协调发展，在城市旅游发展的同时实现人与自身、人与人、人与社会的全面协调，共同促进城市和谐社会的构建。

（一）树立"和谐旅游"的发展理念

和谐旅游，是指在旅游发展过程中，要始终坚持"以人为本"的发展核心，充分发挥旅游对城市和谐社会构建的促进作用，培养合理、健康的旅游消费意识，创造良好的旅游竞争与合作环境，推进和谐旅游新局面的构建，促进城市社会和谐发展。

1. 确立"以人为本"的和谐旅游发展观

在"旅游发展道路"问题的探讨上呈现着多种导向共存的局面，

其中比较流行的主要有资源、文化、产业、市场与生态五种观念。资源导向的旅游发展观强调了旅游业发展过程中旅游资源的关键性作用，抛弃旅游者对旅游产品的实际需求，这种观点容易造成旅游资源开发利用与旅游市场实际需求的脱节甚至背离；从市场和产业角度看待旅游发展，重视旅游市场需求对旅游发展的决定作用，忽视旅游资源开发与保持相结合，这种观点显然不利于旅游资源开发利用的可持续性；从生态和文化角度看待旅游发展，强调生态环境和文化资源在旅游发展中的决定作用，过于重视生态环境和文化资源的保护，没有顾及普通旅游者的正常的旅游需求。上述五种观点在旅游发展道路上都存在不同程度的缺陷，不利于旅游的和谐发展。为此，有必要确立"以人为本"全面科学的旅游发展观，将实现人类全面发展作为旅游发展的终极目标，纠正过度功利性的旅游发展价值取向，真正解决旅游发展价值观的问题，切实在旅游发展过程中贯彻"以人为本"的理念用来指导政府部门管理和旅游企业经营，最终实现城市社会整体和谐。

2. 塑造健康和谐的旅游消费意识

在城市旅游活动开展过程中，往往会出现一些不和谐的旅游行为，如前文提及的种种旅游者的不文明行为，这不仅不利于城市旅游景区的生态环境保护，而且无益于城市社会文明程度的提升。因此，有必要对旅游者的旅游消费观念进行有效的倡导。这就需要注重国民整体素质的教育，倡导绿色旅游消费意识、低碳旅游消费意识、健康旅游消费意识，努力提升旅游者的道德水平，为旅游业的可持续发展提供观念的保障，实现城市旅游业发展的人与自然、人与社会关系的和谐发展。

3. 构建和谐的旅游发展环境

旅游业发展的外部环境主要是指旅游企业的经营环境。在这一方面，既需要诚信、负责任的政府行为进行有效示范，也需要旅游企业的合法守信的经营行为作为基础。当前，我国旅游业发展整体环境仍然还不够成熟，不管是政府行为还是旅游企业经营行为，仍然存在着失信的情况，对政府部门与旅游企业、旅游企业与旅游消费者之间和谐关系构建产生负面的影响。旅游业发展的外部环境是否整体达到诚

信状态，可以说是城市社会和谐关系的核心基础。在一些城市旅游业
发展过程中，招商引资"开门迎客，关门打狗"，政府部门乱摊派、
乱收费等不诚信的现象时有出现；在旅游企业经营过程中，对旅游消
费者出现的"虚假宣传"、"消费陷阱"等现象也是屡禁不绝，这些
都对城市旅游业发展的整体环境造成负面的影响，对城市旅游业的整
体形象构建也是非常不利的。尽管这些种种不和谐的现象究其根源还
是对于旅游业经济功能的过度追求，但从城市社会和谐的角度来讲，
要求城市相关部门和旅游企业以促进城市社会和谐的目标，将关注的
重点从纯粹的经济利益获得向旅游发展的整体效益进行转变，以和谐
诚信的管理理念对待旅游业的发展，以优质服务为基础来获取相应的
经济利益，在满足经济利益的基础上使旅游者在和谐的城市旅游环境
中实现人与社会的和谐发展。

4. 构建和谐的旅游竞争合作关系

在旅游业发展过程中，旅游区域之间、旅游企业之间、旅游产业
要素之间等方面竞争与合作关系直接关系到旅游业整体和谐发展。实
现城市社会和谐的目标势必要求城市旅游与其他城市、地区旅游业，
城市范围内部，城市旅游产业内部的各种市场主体达到一种和谐协调
的状态，这就要求这种竞争合作关系应该是一种共赢的关系。反之，
若是城市旅游与其他城市、城市旅游产业内部出现不协调的关系，就
将导致城市旅游业的整体发展，不利于旅游业整体和谐发展。众所周
知，在 2003 年三峡工程蓄水通航时，重庆与湖北两个省市基于三峡
旅游的争夺而采取的一些短视性市场行为与宣传，对三峡旅游整体发
展造成了极大的损害，引起当时三峡旅游市场达到一个高峰后连续两
年遭遇"寒流"，陷入困境。因此，以和谐发展为指导理念，加强城
市与周边城区旅游合作、城市旅游产业内部企业合作，形成旅游资源
的配套和优势互补，提升城市旅游的整体竞争力是非常有必要的。

（二）树立新的"旅游权"观

旅游活动的开展是需要具备一定数量的时间和金钱等基本条件
的。城市经济发展水平越高，社会发展水平越高，就意味着城市居民
的可自由支配收入和闲暇时间越多，为旅游活动的开展提供了良好的
基础和条件。同时，随着时代的发展，人们对于自身全面发展的追求

也为旅游活动的开展提供了强大的内在驱动力。特别是当前我国人均GDP 的持续增长，在满足基本生活的前提下，我国居民特别是我国城市居民的消费重点已逐步向个人发展和个人享受方面转型。在此背景下，休闲旅游消费逐渐成为城市居民生活的重要组成部分之一。围绕着追求个人全面发展的目标所引发的"休闲权"、"旅游权"早已成为人类共同享有的普遍平等权利。为此，如何明确落实"旅游权"就成为关键。在立法方面，确立旅游权作为人们生活的普遍平等权利，完善有关旅游者正当权益的旅游法律法规，严格执行带薪休假制度，使人们的旅游权利真正落到实处；在理论方面，除了用经济学、管理学的视角去思考旅游的本质问题，还应重视从哲学、社会学、人类学的角度去解读旅游的本质、意义、功能，促进人自身的发展；在旅游建设中，在关注旅游的经济利益获得的同时，增强旅游资源本身的教育、审美、文化方面的功能重视，为旅游者在"现实自我"与"理想自我"之间的平衡，实现人与自身的和谐发展。

（三）推动"大旅游"的和谐发展

"大旅游"的概念是将旅游业作为一个系统性、综合性的整体系统，具体包括处理旅游与外部宏观环境、旅游业与相关产业、旅游产业内部多个方面的关系，其目标是以实现经济、社会、环境、文化等方面的综合效益。遵循"大旅游"的整体发展思路，正确处理旅游业与相关产业的关系，把旅游业与农业、工业、商业、教育、文化等相关产业进行融合创新，推动旅游业的业态升级换代和结构优化；正确处理好旅游与城市整体发展的关系，推进社区、乡村、红色、边境等新兴旅游产品的快速发展，促进旅游资源在城市与农村、发达地区与落后地区的合理流动、优化配置，实现农村地区、落后地区、民族地区、边境地区、革命老区的经济社会发展，达到不同地区经济社会发展的整体平衡与和谐。

本章小结

在旅游对城市软实力提升的保障协同机理探讨的基础上，本章继续研究旅游对城市软实力提升的建设协同。分析旅游对城市软实力资源建设的作用机理，为旅游协同促进的城市软实力提升提供理论依据。

第一，自然景观协同。城市自然景观旅游资源既是城市旅游业发展的物质基础，也是城市旅游目的地形象构建的前提条件，其蕴含的城市意象铸成了城市旅游目的地形象的内在灵魂；其表现的物质形态造就了城市旅游目的地形象的外在个性特征，对城市软实力构建有着独特的影响作用。城市意象是一种对城市精神高度凝练的空间符号，它通过城市旅游目的地自然景观环境，即自然景观旅游资源，向人们诠释与表现着城市旅游目的地空间的唯一性特征与意义，传递着城市历史文化的深厚积淀和时代现实的辐射力。

第二，文化资源协同。城市文化与城市软实力的价值内核构建有着密切的联系，对城市软实力提升起着明显的促进作用。而城市文化旅游资源又是城市旅游产品开发设计的基础和依据，在城市旅游产品开发设计过程中要注重城市文化旅游资源要素的多样化运用，以更好地发挥城市文化旅游资源要素对城市软实力的促进作用。

第三，人口素质协同。旅游业是劳动密集型行业，旅游业的发展在相当大的程度上依赖于旅游人才的状况。不仅如此，旅游业能否对该城市软实力的提升做出较大的贡献，也取决于该城市所拥有的旅游人力资源的数量和质量，取决于旅游人力资源能否得到合理的开发和管理。旅游人力资源作为城市人口素质的重要组成部分，指的是特定历史背景下，城市的人口在体力、文化、技术以及道德等方面的综合状况与水平。作为城市软实力的重要资源，人口素质的高低是一个城市经济社会发展最为能动的因素和动力，其整体水平的高低直接影响着当前城市发展的水平，也决定着未来城市发展的程度。具体来讲，旅游人力资源对于城市软实力的影响机制主要体现在旅游教育、旅游人力资本再造两个方面。

第四，社会形态协同。城市社会和谐是指城市的各个阶层、部分以及要素均处在一种协调的良好状态之中，和谐的城市往往彰显着无限的生机与活力。和谐有序的城市环境，是城市社会各项活动开展的前提和基础，其有助于城市各种生产要素的合理流动、城市企业的顺利发展和城市居民的安定生活。一个政治团结安定、经济开放、充满活力的和谐城市，无论对于城市产业发展，还是对于城市居民和外来游客都有着较强的吸引力。因此，城市社会和谐也是城市软实力的重要方面。而城市旅游作为城市经济社会的重要组成部分对于城市社会和谐又有着多种形式的影响。

第六章 旅游对城市软实力
提升的传播协同

　　旅游通过官方和民间两种渠道以不同方式来实现对城市软实力输出内容进行整合和传播，这种"媒介"作用所体现的传播渠道的多样叠加性、传播内容的典型示范性以及传播方式的立体灵活性对城市形象的塑造与美化，城市知名度、美誉度的提高，城市凝聚力、吸引力、感召力的打造都将产生深远的影响。旅游对城市软实力提升的传播协同作用机理如图6-1所示。

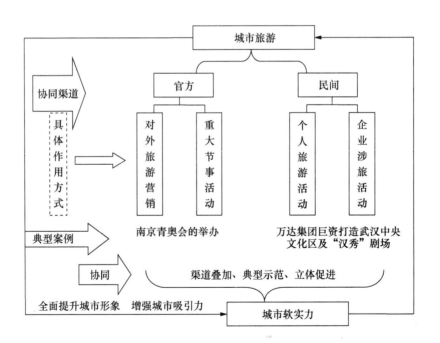

图6-1　旅游对城市软实力提升的传播协同作用机理

第一节　传播渠道叠加协同

城市软实力资源能否转化为现实的城市软实力，取决于城市与其内外部环境以及民众的接触、沟通能力。城市旅游正是通过对城市软实力传播的存量渠道与旅游渠道的整合与运用，发挥着对城市潜在软实力的挖掘与转化作用。旅游协同促进城市软实力传播的官方渠道可以弥补民间传播渠道在政策、人力、财力等诸多方面的不足；而旅游协同促进城市软实力传播的民间渠道在传播过程中所具有的民间性、生活化的特点又可以进一步深化官方渠道传播的效果。

一　官方旅游传播渠道协同促进城市软实力

旅游协同促进城市软实力传播的官方渠道主要通过城市政府主导的对外旅游营销和重大节事活动两种方式来实现，其中，政府对外旅游营销属于直接传播方式，而政府主导的城市重大节事活动则属于间接传播方式。

（一）城市对外旅游营销

在我国"以政府为主导"的旅游产业发展模式下，全国各大城市的旅游营销工作在很大程度上也都是由政府来主导的。城市旅游产业的迅猛发展、旅游产业与其他产业之间的高度关联性以及城市发展的日趋复杂性等诸多因素共同决定了政府主导城市旅游产业发展的必要性与重要性。政府主导的城市对外旅游营销主要指城市政府从城市整体发展的战略高度，在分析城市旅游资源并识别城市旅游目标市场需求的基础上，以旅游形象的整合为核心，进行产品整合与形象传播来实现旅游产品购买目标的所有活动的总和。与旅游产品或旅游服务的生产商相比，政府主导的旅游营销在营销战略、营销方法、营销保障等各个方面都有更大的优势。从营销的市场范围来看，这种营销方式不但可以让本地市民更好地认知和认同自己所在的城市，增强城市的凝聚力；还可以让更多的外部民众特别是海外人士了解、认同并选择该城市作为旅游目的地进而提高城市的知名度、美誉度和吸引力。

政府主导的城市对外旅游营销的案例很多。从营销主体的角度，可以将这种官方的营销活动再次细分为国家层面的对外旅游营销和各大城市自主的对外旅游营销。在国家层面，近年来，北京、上海等城市宣传片的播出以及我国一些景区所采取的在美国好莱坞影片中植入广告的宣传形式已经在世界范围内引起了广泛的反响。中国旅游舆情传播智库的相关调查与研究反映出，"纯净的新西兰"、"迷人的泰国"以及"美丽中国"等口号已经在国家形象传播与认知中起到了很大的促进作用。"美丽中国之旅"旅游宣传推广活动更是让超过20％的美国人民不同程度地接触与了解了中国这一古老而又充满着无限生机与希望的东方大国（见图6-2）；相关调查还显示，美国民众对我国北京、上海、西安、深圳、南京等城市的了解相对较多，而其他城市在美国的知名度还有待尽快提高（见图6-3）。虽然城市在海外知名度的高低和影响力的大小受其级别、所处地理位置等诸多因素的影响，但可以肯定的是，通过对城市旅游资源的整合和对外营销，可以在很大程度上提高外界民众对城市的认知与认同，提高城市的美誉度和吸引力。

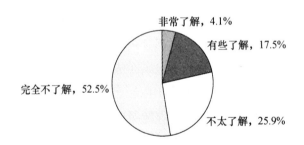

图6-2 对"美丽中国之旅"宣传活动的认知

在城市层面，哈尔滨市通过对"冰城夏都"城市品牌的多渠道整合营销而最终获得成功就是一个很好的例子。一方面，哈尔滨市通过搭建旅游营销的网络平台，宣传推广城市的美食、生态、冰雪与文化；另一方面，哈尔滨市还通过组建高质量的客服中心，完善城市旅游咨询、展示与导游等多项服务功能，借此增加与游客之间的互动，

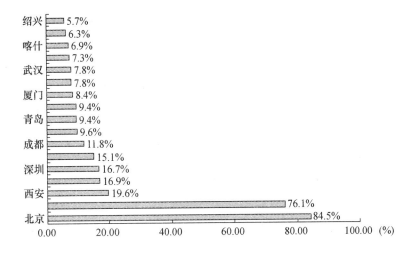

图 6 - 3　中国大陆主要城市在美国的知名度

提高游客旅游体验的满意度。在国外，哈尔滨市还邀请韩国、格鲁吉亚、越南等国家和中国香港地区、中国台湾地区的旅行商来哈尔滨实地考察；与此同时，该市还采取"走出去"的办法，到俄罗斯、韩国等国家和地区举办有针对性的城市旅游推介会，通过对城市独特资源的整合、优化与宣传，来实现城市知名度的扩大与美誉度的提高。城市软实力根源于国家内部，这种内部性的表现方式之一便是城市对其居民的吸引力与凝聚力。在国内，哈尔滨市还依托其便利的交通网络、优越的气候条件以及独特的欧陆风情，充分运用报纸、广播、电视、户外广告、微信、脸谱等新老媒体，对整座城市的旅游形象展开大力的宣传，更是增加了本地居民对城市的了解与认同。最近几年来，哈尔滨市"冰城夏都"的良好城市形象早已通过中央电视台、中国旅游报等多个国家级媒体走出中国，走向了世界，更是走进了哈尔滨市广大市民的心里。"影响世界的——中国文化旅游名城"、"最具特色魅力旅游目的地"、"东方小巴黎"、"天鹅项下的珍珠"等美誉的获得，正是旅游在城市软实力传播中渠道叠加功能作用发挥的典型。

（二）城市重大节事活动

城市重大节事活动特别是政府主办的重大节事活动会对城市旅游

甚至是城市方方面面产生重大的影响。首先，城市重大节事活动可以大大提高城市的知名度。媒体对节事活动的宣传会强有力地冲击到海内外民众的视觉与听觉，从而直接并无意识地增加海内外民众对城市的了解；信息的冲击也会引导人们对节事活动以及节事活动举办地进行深入的了解；节事活动短时间的轰动效应，可以吸引大量的旅游者实地旅游。其次，城市重大节事活动可以大大提高城市的美誉度。城市重大节事活动对城市的影响是方方面面的，活动的举办对完善城市基础设施、美化城市环境、提高城市服务水平、丰富城市旅游吸引物都将起到很大的作用，但从"传播"的角度，城市重大节事活动对城市美誉度的提高主要表现在两个方面。第一，相关媒体所报道的内容是经过精心挑选和组合之后的，是对城市软实力资源的优化与整合；第二，活动结束后，旅游者回到惯常居住地往往又会将自己对节事活动举办城市的良好感知通过各种途径传递出去，人际传播、口碑传播的优势将会再一次凸显，城市的知名度和美誉度也将会再上新的台阶。最后，我们还是不能忽略城市重大节事活动对本地市民的影响。城市重大节事活动的开展除了可以带来城市环境的改善、城市经济的增长以及城市居民个人素养的提高，还可以加深本地市民对城市的进一步了解，实现市民对城市认知的重构、优化和认同，增强人们对城市的自豪感、向心力与凝聚力，最终构筑城市社会的稳定与和谐。

在重大节事活动促进城市软实力传播方面，南京青奥会的举办就是一个很好的例子。虽然目前有关青奥会的具体统计数据还很难查到，但根据相关部门的估算，青奥会期间，南京市的游客接待量突破300万人次。面对纷至沓来的海内外游客，相关机构推出了常州恐龙园景区、句容茅山风景区等青奥指定接待景区和民俗文化、非物质文化遗产主题游、名牌院校参访游学主题游、民国风情主题游、大明文化主题游、六朝文化主题游等特色旅游线路。接待景区的指定和旅游线路的优化其实就是在优化南京市城市软实力的输出内容，这也是城市软实力最终生成的必要环节。又如由政府主办、旅游局和相关部门承办的"2014武汉国际旅游节"继续以"大江大湖大武汉"为活动主题，以"漫游武汉 休闲生活"为宣传导语，再次为广大市民和海内外游客奉献了丰富的节日大餐。本次旅游节以休闲、健康、参与、惠民为主题词，呈现引领休闲旅游发展新风尚、打造特色旅游产品、突出全民参与和健康生活理念、开展多项旅游惠民举措的特色，让游客与市民真正分享到了旅游的快乐与实惠。"2014 武汉国际旅游节"更加注重旅游信息服务，实现广播、电视与网络媒体以及自媒体的全覆盖，武汉智慧旅游门户网站还正式上线并推出本次旅游节专题。为城市重大节事旅游活动所做的一切努力以及所带来的一切改善都会全面提升城市旅游的整体形象，也将进一步促进城市的全面发展特别是城市知名度、美誉度、吸引力与凝聚力的提高。

二　民间旅游传播渠道协同促进城市软实力

民间渠道是目前旅游促进城市软实力传播的又一主流渠道，这种传播渠道主要通过个人旅游活动和企业涉旅活动这两种方式来实现对城市软实力的有效传播。与官方传播渠道类似，民间传播渠道中的个人旅游活动属于旅游促进城市软实力传播的直接方式，而企业涉旅活动则属于间接传播方式。

（一）个人旅游活动

民间个人旅游活动在本书中不仅仅包括旅游者的旅游活动，还包括为旅游者提供各种保障与服务的旅游从业人员的活动。民间旅游活动范围大，辐射面广，虽然较难控制但口碑效益明显。根据旅游统计，我国客源市场主要分为三大部分：一部分是国内旅游市场，一部分是入境旅游市场，还有一部分是出境旅游市场。为了突出城市这一主体，在本书的论述中，我们也将城市旅游市场分成三大块：其一为城市居民休闲旅游市场；其二为外来游客入境旅游市场；其三为城市居民的出境旅游市场。对各大城市而言，大力发展城市居民休闲旅游、外来游客入境旅游以及城市居民出境旅游是促进城市软实力传播的重要途径。

1. 城市居民休闲旅游

旅游"散客化"的到来，淡化了人们对城市地标性建筑与著名景点观赏的意愿，增加了旅游者对异域风情的强烈向往。如今，旅游目的地城市居民的日常生活才是城市最美丽且最具吸引力的风景，满载着城市发展中千姿百态的真实情感。虽然自改革开放特别是 2013 年

《中华人民共和国旅游法》和《国民旅游休闲纲要（2013—2020年)》先后颁布并实施以来，我国国内旅游市场依旧维持在高位运行，我国依然是潜力最大的国内旅游市场，但是我国城市居民的休闲旅游仍处于相对较弱的地位，政府和业界对城市旅游发展的重视程度和支持力度都有待进一步提高。在城市竞争日趋激烈，城市问题日益凸显，旅游休闲正逐渐成为全民生活必要组成部分的今天，城市本地市民的休闲旅游对城市的发展特别是城市软实力的传播也起着更加重要的作用。一个城市品位的高低、游客满意度的好坏，不但取决于城市规划建设的好坏，旅游体验的完美与否，更取决于城市人文环境的优劣与城市文明的高低。城市的主体是人，每一个城市人，都是这里的主人翁，都有机会接待到城市的旅游者，都肩负着树立和传播城市形象的责任。城市居民短时间的市内休闲旅游可以增加自身对城市的了解，增加市民之间的相互交流，提高市民对城市的认知度和认同感。城市居民压力的释放和幸福感的提高一方面可以促使他（她）们善待城市入境游客，加快旅游目的地城市人口的融合，为城市和谐打下良好的基础；另一方面作为城市宣传的主体，快乐、幸福的市民才能感受到自己家园城市的美好，也才能发自内心地洋溢和传播这份美好与祥和。

2. 外来游客入境旅游

外来游客的入境旅游活动是外界民众了解目的地城市的主要途径之一。与其他途径相比，通过实地旅游这种亲身体验的方式所获得的对某一城市的认知将会更全面、更持久且更不容易改变。对国内城市而言，外来入境游客主要包括国内入境游客和境外入境游客两部分。《中华人民共和国旅游法》的颁布与实施、《国民旅游休闲纲要（2013—2020年)》的出台，进一步推动了我国旅游业的持续健康较快发展。2013年，全年国内游客32.6亿人次，比2012年增长10.3%；国内旅游收入26276亿元，同比增长15.7%，中国依然是全球游客数量最大、潜力最大的国内旅游市场。同年，我国全年入境游客12908万人次，位列世界第四，成为全球第四大入境旅游目的地（见表6-1）。对各大城市而言，如此大规模的国内旅游流和入境旅游流，对城市形象的对外传播都是绝好的机会。

表 6－1　　　　　　　　　2013 年我国入境人数在世界的排名

排名	国家	人数（百万人次）	与 2012 年相比的增长率（％）
1	法国	—	—
2	美国	69.8	4.7
3	西班牙	60.7	5.6
4	中国	55.7	-3.5
5	意大利	47.7	2.9
6	土耳其	37.8	5.9
7	德国	31.5	3.7
8	英国	31.2	6.4
9	俄罗斯	28.4	10.2
10	泰国	26.5	18.8

资料来源：UNWTO Tourism Highlights，2014。

3. 城市居民出境旅游

得益于经济的快速发展，消费能力的大幅提高以及旅游休闲意识的逐渐增强，我国公民出境旅游逐步常态化、大众化，显示出极大的发展潜力。2013 年，我国出境旅游达 9819 万人次，同比增长18.0％，约占亚太地区的 39.26％，占世界入境旅游总接待人次的9.03％，成为世界第一大出境旅游市场。随着我国对外联系的日益密切，签证受理的不断便捷化，我国出境旅游目的地已不再局限于韩国、日本等亚太地区，而是已经遍及全球（见图 6－4）。截至 2013年年底，与我国政府签订 ADS 协议（Approved Destination Status，被批准的旅游目的地国家）的国家和地区已超过 150 个。城市居民出境旅游语境中的城市形象传播主要是指通过大众传播、亲身传播、人际传播等方式向城市外界社会传递有关城市形象构成要素的信息，对城市软实力而言，在这里也就可以转化成向城市外界社会传递有关城市软实力构成要素的相关信息，从而使城市外界公众形成对该城市面貌和特征的总体认知和评价。城市居民中的出境旅游者既是城市形象最好的宣传书，也是最有感召力的传播者。2014 年 11 月，我国内地公民年出境旅游首次突破 1 亿人次，如此庞大的出境旅游规模充分体现了我国政治、经济、社会发展中所取得的巨大成就。随着人民生活水

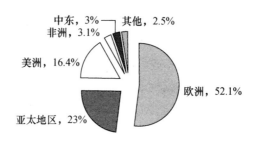

图6-4 2013年我国出境旅游人数洲际分布

平、消费层次的提高，我国人民与世界各国人民的交流与交往也达到了新的层面。出境旅游作为我国公民出门看世界、"自我教育"的"投资性"消费行为，真正体现了旅游的社会效益，有利于促进我国的文明进程，提升我国的国际形象和国家影响力。目前，我国绝大多数出境游客都来自各大城市，出境旅游的蓬勃发展，有利于对我国城市形象的塑造与传播。

（二）企业涉旅活动

在城市软实力传播方面，虽然企业涉旅活动所产生的效果没有政府推介和个人旅游活动那么直接，但其影响也不可小视。企业从自身形象和利益出发所进行的各种活动特别是涉旅活动，都是旅游协同城市软实力传播的有效方式。2013年以来，万达集团的一系列涉旅活动就是很好的例子。2013年，"万达并购旅游"成为热议的话题；这一年，万达投资旅游地产业超2000亿元，仅武汉地区，万达投资500亿元倾力打造武汉中央文化区及世界级的文化旅游项目"汉秀"剧场、"电影乐园"和七星级酒店等；此外，万达集团还在南昌、合肥和哈尔滨打造万达文化旅游城，其投资达到900亿元。回首2013年，旅游业成为多行业巨头纷纷投资的热点。旅游业发展前景看好，反映出旅游已成为民众的日常需求，跨行业的合作、注资不仅使旅游行业内的竞争更加激烈，而且令旅游消费者的体验更加多元，选择更加丰富。

第二节　传播内容示范协同

　　旅游协同城市软实力传播的典型示范作用主要通过具有典型性的单个城市旅游景区和对城市旅游产品与线路的整合优化两方面的示范效应，扩大城市文化对旅游者的影响力和传播力，进而引导、说服城市内外部民众对城市的认知与认同。

一　典型性城市旅游景区的示范效应

　　目的地城市旅游景区良好的自然景观与独特的文化内涵在快速改变、引导着旅游者感性心理的同时，也正潜移默化地改变着旅游者的观念与态度。丰富的视觉与听觉体验，渐进的感性与理性结合，最终实现城市居民与外来游客对城市认知的调整与塑造。

（一）对城市居民认知的示范效应

　　理念形象是城市精神风貌与价值观念的集中展现与高度浓缩，既是城市形象的原动力，也是城市形象的核心。在城市内部，对城市居民具有价值引导、思想凝聚、行为塑造与规范的作用。加强城市理念形象塑造，有利于提高整座城市的认知水平，推动市民树立生态文明观念。城市软实力的核心在于对城市内部民众的凝聚力及其对外部民众的吸引力、感召力和影响力。无论是城市公园、城市景区（点）还是城市的著名街道，都是城市基础设施与市容风貌相对较好的地方。广大市民通过短时间的市内休闲旅游与较长时间的出境旅游不仅可以增加其对本城市的了解与热爱，还可以修身养性、陶冶情操，这些都将完善与深化居民对整座城市的认知与认同。

（二）对城市外来旅游者认知的示范效应

　　对于一座陌生的城市，人们往往会把大众传媒、网络传媒甚至是人际传播中的"拟态环境"作为客观环境本身来看待，而大众传媒报道中的城市，大多是依据媒体独特的视角，对城市元素的诸多内容加以选择、处理后所进行的宣传与推广，即便是通过网络与人际传播所获得的有关城市的信息也未必就一定符合城市的实际情况。另外，在信息社会，城市信息的海量化与零散化，加大了外界公众对城市认识的难度。旅游通过对城市元素的整合，旅游者通过对城市自然环境、文化资源、人口素质与社会和谐状态的亲身体验与深度感知，可以逐渐改变已有的观念和对城市的态度，重新完成对城市认知的调整与塑造。

二　城市旅游产品与线路整合优化的示范效应

在既有城市软实力资源与传播渠道的基础上，旅游协同促进城市软实力传播还体现在城市旅游产品的整合与城市旅游线路优化所带来的示范效应两个方面。

（一）城市旅游产品整合的示范效应

目前，我国城市旅游产品结构层次单一，产品组合缺乏深度与高度，主要产品功能仍停留在观光、餐饮、住宿方面，高档次、多功能、市场影响力大的精品较少，无法适应新时期旅游业快速发展与城市居民休闲旅游意愿急剧增加的需求。为适应旅游业发展的新业态，各大城市通过提高旅游商品的主体性、差异性以及适应性。开发、整合并推广具有城市文化内涵、富有城市地域特色的旅游产品，往往能极大地推动城市旅游对旅游者的吸引力和号召力，对城市良好形象塑造必将起到良好的典型示范的作用。

（二）城市旅游线路优化的示范效应

本书的"大旅游"资源观强调了城市旅游的全域性，旅游的"散客化"趋势也强调了城市旅游的体验性与深度性，但这些并非全盘否定了城市旅游精品线路设计的必要性与重要性。全域旅游、深度旅游、体验旅游的理念仍将贯穿于城市旅游精品线路设计与优化的全过程。当前，各个城市为适应旅游业发展的新趋势与新业态，满足本地市民与外来游客对休闲旅游的共同需求，全面展示城市的精神风貌，致力于打造带有城市特色及地域风情的旅游精品，整合一批示范型的核心旅游目的地，打造诸如"东方明珠"上海世博8日游、中国最佳景观12日游等精品旅游线路，期冀通过产品组合与线路优化来提高城市旅游资源的亲近感与吸引力；通过对精品旅游线路以及特色旅游产品的宣传与推广来提高城市的知名度与美誉度。

第三节　传播途径立体协同

　　城市软实力最终体现在一个城市对其内、外部公众的吸引力、凝聚力和感召力。由于人们对某一城市的认识往往会受到时间、空间等因素的限制，人们对城市的了解与认知在很大程度上必须借助于各种传播媒介。中国旅游舆情传播智库的相关调查显示，网络是美国人民了解我国旅游相关信息的主要途径，其次是电视。在各种互联网渠道中，超过半数的人是通过门户、搜索引擎及新闻类网站了解中国的旅游信息，其次是专业的旅游网站和旅行社网站（见图 6–5）。如今，旅游正通过大众传播、网络传播以及人际传播等多种媒介与传播途径，全方位、立体地实现对城市软实力的对内、对外传播，借以唤起城市居民特别是外界民众对城市的兴趣和了解，增加其对城市的整体认知与良好认同，最终促进城市潜在软实力向城市现实软实力的快速、有效转化。

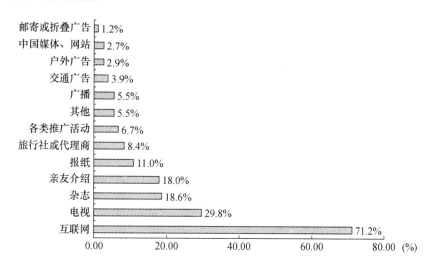

图 6–5　美国民众获取有关中国旅游信息的途径

一　大众传播

旅游协同促进城市软实力的大众传播主要是指以报纸、广播、电视等传统大众媒体为代表的媒介对城市旅游及其活动进行宣传推广，以此达到借旅游的"东风"，扩大城市知名度与美誉度的作用效果。旅游借助于大众传播媒介，主要通过以下三个方面来实现对城市软实力的传播。

（一）通过语言输出为城市软实力传播提供沟通基础

在国际交往与沟通的过程中，语言发挥着极其重要的作用。中国旅游舆情传播智库针对美国市场的调查显示，在阻碍美国游客来中国旅游的各项因素中，游客自己的经济原因排在第一位，第二位是雾霾等空气污染问题，第三位是食品安全问题，而语言不通则位列第四（见图6-6）。可见，旅游借助于大众传媒对国家与城市语言的输出，不仅可以对我国和各个城市的文化和旅游资源起到宣传与推广的作用，还可以逐渐减少"来华语言不通"的顾虑，扩大我国特别是各大城市的入境旅游市场，为旅游协同促进城市软实力的传播提供语言或沟通基础。

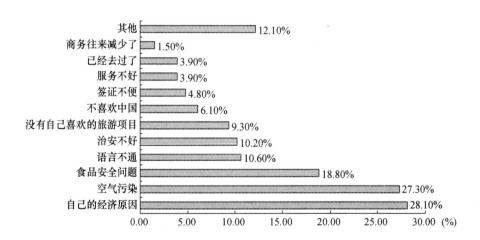

图6-6　美国游客不愿来华旅游的原因

（二）通过媒体引导扩大城市知名度与美誉度

传播媒体是城市内、外部公众了解城市的主要工具。传播媒介往往会根据自身需要，对其所传播的各种信息进行必要的选择与加工，而这种选择与加工又往往是在相对隐蔽的媒介内部完成的，人们往往会把这种并非完全与事实相符的"拟态环境"等同于客观环境本身。因此，城市内、外部民众的行为在一定程度上是对媒体所提示的"拟态环境"的反映。大众传媒以自身独特的视角，通过对城市旅游及其活动相关信息进行选择、加工、宣传与推广，可以在很大程度上增加城市内、外部公众对城市元素的了解，引导甚至改变公众对城市的认知，进而扩大城市知名度与美誉度，最终提高城市的吸引力、凝聚力和影响力。

（三）通过影视植入增加城市软实力传播柔性

自进入 21 世纪以来，城市软实力角逐的特征之一便是从强硬手段向软、硬手段兼备的转化。也就是说，新时期城市软实力的对内、对外传播已经不能采取单一的以政府为主体进行强势推进的方式来向外界说明和推销自己，而更多地需要以影视植入这种柔性的外交方式让外界自愿地感受中国包括各个城市的魅力。如今，许多国家和城市都通过拍摄、播放与旅游相关的影视来实现对本土文化的宣传和展示，通过影视观赏来发挥文化潜移默化的影响力量。如《加勒比海盗》、《哈利·波特》、《大长今》等海外优秀影视作品在中国上映后收视率极高，在创造了可观经济效益的同时，也向中国观众充分展示了本国的文化，甚至造成了部分观众对国外文化和生活的膜拜。同样，2013 年，《舌尖上的中国》这部美食类纪录片的播出，通过中华美食的多个侧面充分展现了中国饮食、伦理文化，在海内外引起了强烈反响。成都市的影视剧宣传也是旅游通过影视植入实现城市软实力柔性传播的典型案例。2008 年汶川大地震之后，成都市邀请了梦工场动画团队前来考察，借助在《功夫熊猫 2》中植入四川火锅、担担面、黄包车、青城山、宽窄巷子等城市元素，使《功夫熊猫 2》这部好莱坞大片成为成都城市形象的代言人，让世界观众了解到成都这座中国的西部城市，把电影、熊猫、成都和旅游很好地结合在了一起。

二　网络传播

旅游协同促进城市软实力的网络传播主要是指以网络为代表的新兴媒介对城市旅游及其活动进行宣传推广，以此达到扩大城市知名度与美誉度的作用效果。网络传播的时效性、全时性、开放性、虚拟性、个性化等特征决定了其在城市软实力传播中必然发挥着巨大的作用。旅游借助于网络传播媒介，主要通过以下两个方面来促进城市软实力的传播。

（一）网络的时效性提高城市软实力的传播速度

传播具有时效性与空间性，时效性也是网络传播最突出的优势与特点之一。虽然传统媒体正通过尽力缩短报纸刊印的流程、24 小时滚动播出新闻等方法来确保其传播的时效性，但与网络相比，似乎还不可能做到随时随地对新闻事件进行实时报道。伴随着计算机技术、多媒体技术特别是网络技术的飞速发展，网络传播的时效性与便捷性等特点已被无限放大，加快了信息传播的速度，即便是世界范围内的最新动态，人们也可以轻而易举地获得。在旅游协同促进城市软实力传播的过程中，通过网络对城市旅游及其活动进行宣传推广，无疑可以大大提高城市软实力传播的速度。

（二）网络的开放性扩大城市软实力的传播范围

网络传播兼具"大众传播"与"人际传播"的特点，其总体上呈现网状传播结构。在传播过程中，网络中的每一个节点都可以生产信息，并且可以非线性的传播方式将这些信息发散出去。网络传播的高度开放性可以最大限度地扩大城市软实力的传播范围。中国旅游舆情传播智库的相关调查显示，在美国这个全世界互联网最发达的国家，民众主要通过互联网来获取有关中国旅游的信息。在各种互联网渠道中，超过半数的人是通过门户、搜索引擎及新闻类网站了解中国的旅游信息，其次是专业的旅游网站和旅行社网站。

三 人际传播

旅游协同促进城市软实力的人际传播主要是指通过人与人之间的口碑传播方式对城市旅游相关信息及其活动进行宣传推广，以此达到扩大城市知名度与美誉度的作用效果。旅游活动自上而下、民间推动的特点以及生活化、立体化的柔性接触方式使得城市软实力更具渗透性、广泛性、感染力与持久性。旅游借助于人际传播媒介，主要通过以下两个方面来实现对城市软实力的传播。

（一）旅游人际传播拓宽城市软实力传播界限

随着我国从 2011 年开始迈过人均 GDP 5000 美元的门槛，通信技术和高速交通网络的迅速发展以及《国民旅游休闲纲要（2013—2020

年)》的颁布，旅游已经日渐成为广大民众不可缺少的日常生活方式
之一。伴随着国民休闲旅游的全面到来，旅游的日益"散客"化与体
验的日益"纵深"化，城市的每一位公民都不可避免地成为城市形象
的塑造者和传播者，包括城市每一个元素在内的城市软实力资源都正
通过城市居民、城市入境旅游者以及城市出境旅游者以微信等便捷、
开放的方式得到最大限度的传播。

（二）旅游人际传播深化城市软实力传播效果

在旅游协同促进城市软实力传播方面，在受众的"数量"上，人
际传播可能远远比不上大众传播与网络传播，但若从对受众的影响作
用和程度来考量，人际传播方式却有其无法替代的优势。旅游人际传
播的民间性、弱功利性、强体验性可以大大提高其传播的有效性。不
论是从心理学、传播学的理论，还是从现实的结果来看，人们往往会
觉得亲朋之间所传递的信息，比起新闻报道、网络等媒介所传递的信
息更加真实和可靠。正因为如此，通过人际传播所传递的城市相关信
息，对受众会产生更大的影响。这种影响不仅会增加公众对城市的了
解，更有可能改变公众对城市原有的认知，还可能进一步引导公众的
情感与行动选择。

本章小结

在本章的论述即将结束的时候，必须再一次重申，"城市软实力
构建效果"与"城市软实力资源"是两个截然不同的概念。"城市软
实力构建效果"是城市所拥有的一种现实的能力，就是城市已经具备
的对内、外部公众的影响力、吸引力和说服力。而"城市软实力资
源"则是一个城市有可能转化为现实软实力的若干基本要素。"城市
软实力资源"能不能转变为实实在在的"城市软实力"，在很大程度
上还必须依赖于特定的中介和工具，而旅游本身的特点决定了其在城
市软实力的传播与转化过程中必然发挥着举足轻重的作用。

旅游在城市软实力的传播过程中的"媒介"作用集中体现在传播
渠道的多样叠加性、传播内容的典型示范性和传播途径的立体灵活性

三个方面。第一，在传播渠道的多样叠加性方面，城市旅游通过官方和民间两种渠道的叠加，以大型旅游营销活动、城市重大节事活动、旅游者旅游活动、企业涉旅活动等多种方式对城市软实力资源进行优化、组合并加以传播。第二，在传播内容的典型示范性方面，城市旅游通过典型城市旅游景区和城市旅游产品与线路的整合优化来实现对城市软实力资源即城市软实力传播内容的优化。第三，在传播途径的立体灵活性方面，城市旅游借助于大众传播、网络传播以及人际传播的特点与优势，实现对城市软实力传播内容的美化、传播界限的拓展、传播范围的扩大以及传播效果的深化，最终达到实现城市软实力快速转化与提升的目标。

第七章 旅游协同促进的武汉城市软实力评价

本书在旅游协同促进城市软实力提升的理论分析框架之上，深入具体分析了旅游业协同促进下武汉城市软实力的影响因素作用机制，即保障机制、资源机制和传播机制，指出在我国现实条件下，"保障"因素、"资源"因素和"传播"因素都会对武汉城市软实力产生重要影响这一重要理论命题。在此基础上，本章尝试构建旅游业协同促进武汉城市软实力建设评价指标体系来尝试对旅游业协同促进下的城市软实力水平进行评价，并结合区域实际状况，对旅游业协同促进下的武汉城市软实力进行实证分析。

第一节 旅游促进武汉城市软实力评价的理论与方法

一 模型构建

本书尝试结合旅游业的特性，构建具有一定创新性的旅游业协同促进下城市软实力评价的理论模型。本书的旅游业协同促进下城市软实力评价按照果、因两个维度来分析，它取决于反映旅游业协同促进下城市软实力的结果评价和反映城市软实力变化的旅游业影响因素的两个方面。

（一）城市软实力表现评价

城市软实力表现评价是指旅游业协同促进下城市软实力所表现出来的影响、号召、吸引的能力。它反映了城市软实力的现实表现状况，既是旅游业协同促进的实际结果，也是旅游业协同促进效果的体现。尽管因研究目的、研究对象、研究角度的不同，学者们会各自考虑城市软实力衡量的指标结构设计，但总体上形成了从文化吸引力、生产力、竞争力和保障力等城市软实力的内在来源方面进行测量和从区域文化、人口素质、公共服务、城市形象、开放程度等城市软实力的外在表现方面进行测量两种思路。它由城市的知晓程度、好感程度、感召程度、吸引程度、流动程度5个方面构成。

（二）旅游业影响因素分析

旅游业协同促进下的旅游目的地城市软实力是在旅游业本身素质和旅游目的地环境的综合作用下，通过旅游业作用而体现到城市软实力方面的能力。从以旅游业协同促进为切入点研究其对城市软实力的影响，首先需要廓清城市软实力的旅游影响渠道与来源。根据第三章的论述，城市软实力一般来源于以下几个方面：一是软实力的保障基础。在构建城市软实力的历史进程中，保障基础是城市软实力生成与传播的现实基础，如果没有强有力的外部保障，城市软实力各资源要素魅力的打造和城市软实力的传播效果都不可能实现。二是软实力的资源魅力。城市软实力的资源禀赋或构成要素包括多个方面，这些软实力资源是城市软实力建设的基础与前提条件。城市的自然环境、文化底蕴、人口素质、社会和谐是城市软实力的关键资源。三是软实力的传播效应。尽管一个城市在软实力资源状况上拥有较好的先天基础，但是并不代表该城市对其内、外部公众就具有很强的吸引力、感召力、说服力与影响力。城市软实力的最终生成，往往还需要配以适当的推广与传播，只有这样，城市环境的优美、文化的灿烂、市民的热情、社会的和谐才能为城市内外更多的民众所感知、了解与认同，才能真正形成城市软实力。当然，城市软实力来源的这三个要素所起的作用并非是一致的，需要区别对待、逐一分析。保障基础是城市软实力形成的保证，资源魅力是城市软实力的必要非充分条件，媒介效应是一个中介变量。也就是说，保障基础、资源魅力除了直接对城市软实力产生影响外，还通过媒介传播间接对城市软实力发挥作用（见图7-1）。因此，本书将旅游业协同促进下的城市软实力划分为城市旅游保障基础、城市旅游资源、城市旅游推介及活动三个维度上（见图7-2）。

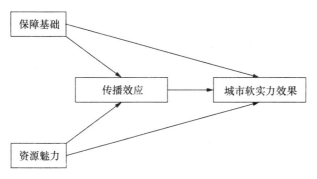

图 7 - 1　旅游业协同促进下城市软实力构建的原因分析理论模型

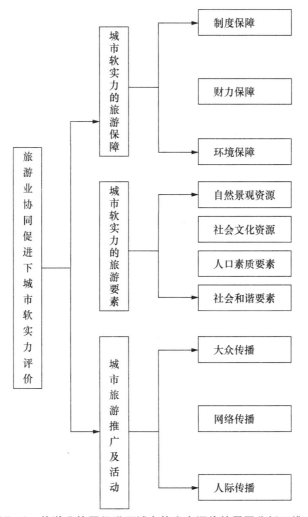

图 7 - 2　旅游业协同促进下城市软实力评价的原因分析三维度

1. 城市旅游保障基础分析

城市旅游保障基础是指旅游目的地旅游业运行过程中为城市软实力形成所提供的制度、财力、环境等方面的外部保障。它既是一定区域旅游总体发展为城市软实力形成所创造的外部条件，也是旅游业协同促进城市软实力的基础保障。城市旅游发展越好，越有助于旅游业协同促进城市软实力。根据第四章对旅游业协同促进城市软实力提升的保障因素分析，旅游外部保障是旅游业影响城市软实力形成的保障性因素，它由制度保障、财力保障、环境保障三个方面构成：

制度保障：它既是一定城市旅游总体制度安排达到的水平，也是未来城市软实力发展的制度基础。科学合理的制度建设与安排是城市软实力基础发展、资源建设与软实力得以传播、转化的关键，也有利于城市软实力作用的更好发挥。

财力保障：指城市旅游目的地为城市软实力发展提供财力保障的总和，旅游业通过直接经济收入和间接经济收入的创造两个途径而为城市整体建设提供大量的资金来源，为城市软实力的提升提供充足的财力保障。城市旅游目的地的旅游业经济发展水平，直接关系到城市软实力的构建。

环境保障：它是由城市范围内旅游发展所影响的自然生态环境和社会文化环境组合而成的总称。在旅游业发展过程中，城市自然生态环境建设必然有利于创造清洁、优美、舒适的城市环境，实现城市生态保护与经济发展、社会进步、文化渊源的高度和谐，为促进城市软实力提升提供坚实的环境保障。同时，城市社会文化环境建设也有助于城市文化的和谐发展，为城市软实力构建起到良好的促进作用。

2. 城市旅游资源要素分析

城市旅游资源是城市软实力存在与建设的基础。城市旅游资源一般可分为资源性和非资源性两大类。随着旅游者需求的个性化、多样化，无论是前者还是后者，都能对旅游者产生足够的吸引力。因此，本书不仅将传统的自然景观资源、历史文化资源纳入考虑范围之内，还特别把人口素质、社会和谐等非资源性城市旅游要素也纳入考量。根据城市旅游资源的差异性，将城市旅游资源划分为四种基本类型：城市自然景观旅游资源要素、城市社会文化旅游资源要素、城市人口素质要素、城市社会和谐要素，以更好地区分不同类型的城市旅游资源要素对城市软实力的作用方式。具体包括以下几个方面：

城市自然景观旅游资源要素：自然遗产（世界级、国家级）；地质公园（世界级、国家级）；湿地公园；旅游景区（4A级以上自然生态型）；风景名胜区（国家级、省级）；国家森林公园；国家水利风景区；自然保护区等。

城市社会文化旅游资源要素：文化遗产（世界级、国家级）；旅游景区（4A级以上人文社会型）；口述和非物质遗产；文物保护单位；寺观；爱国主义教育基地；国家民族文化旅游区；国家级或省级历史文化名镇名村；省级历史文化保护街区；博物馆、纪念馆、故居等。、

城市人口素质要素：旅游产业人员接受培训的比例、旅游院校在校学生人数、开办旅游职业高中或职业中专数量、旅游行业岗位培训通过率等。

城市社会和谐要素：政府审批事项数量、对政府部门的行政评议、对城市治安的满意程度、刑事案件发生比率、社会保障覆盖范围等。

3. 城市旅游推介及活动分析

旅游推介及活动开展是旅游业对城市软实力影响的中介因素。城市旅游资源因素，其存在状态和数量仅仅表示旅游目的地旅游业对城市软实力影响的基础是否丰厚，但并不能代表旅游目的地旅游业对城市软实力影响的全部内涵。优秀的旅游资源并不能立即形成现实的软实力，还需要通过传播中介对旅游资源进行有效的宣传推广。在旅游业协同促进城市软实力过程中，资源要素的重要性不仅体现在其存在数量的多少，更重要的是体现在对其进行创造性的传播、推广，即对资源因素进行有效的宣传营销，以实现潜在的城市软实力转化为现实的城市软实力。城市旅游推介及活动因素，就是在资源因素的基础上，通过宣传、推广、交流等传播行为，不断将潜在软实力转化为现实软实力，实现旅游业协同促进下的城市软实力真正提升。根据传播的媒介不同，可以分为大众传播、网络传播、人际传播，因此，城市旅游推介及活动需要通过以下三个方面进行衡量：

大众传播：主要是指以传统大众媒体为代表的媒介对城市旅游及其活动进行宣传推广，包括央视报道数量、《人民日报》报道数量、新华社报道数量、参加国家旅游局主办的国际、国内旅游交易会以及国家和省旅游局组织的海外促销的次数等指标。

网络传播：主要是指以网络为代表的新兴媒介对城市旅游及其活动进行宣传推广，包括百度关键词搜索数、城市旅游网站访问数等指标。

人际传播：主要是指通过人与人之间的口碑传播方式对城市旅游及其活动进行宣传推广，包括国内外旅游接待人次、游客满意程度等指标。

综上所述，旅游业协同促进的城市软实力研究，就是在城市特定旅游整体发展背景下，旅游目的地城市的旅游业如何以自然景观资源、历史文化资源、人口素质、社会和谐等城市旅游资源要素为依托，以大众传播、网络传播、人际传播等城市旅游推广及活动因素为途径作用于城市软实力的构建，最终实现城市软实力的真正提升。因此，本书对旅游业协同促进的城市软实力进行评价，也就相应地从城市旅游保障要素、城市旅游资源要素和城市旅游传播要素这三个层面对旅游业协同促进城市软实力的整体水平进行量化评价研究。

二 评价指标的选取与指标体系的构建

（一）评价指标的理性选择

本书对旅游业协同促进下城市软实力评价的分析，是从旅游业协同促进视角出发，追溯影响城市软实力的旅游关键因素，即围绕城市旅游保障、城市旅游资源和城市旅游传播三个方面来展开。因此，在构建其指标体系时，也就重点设立了以下三类指标：第一类是城市旅游为城市软实力提供的外部保障性指标，以反映城市软实力面临的旅游发展状况，即说明城市软实力的宏观外部基础；第二类是城市旅游资源指标，以解释城市软实力的旅游资源基础要素状况，即从静态反映城市软实力的旅游资源优势；第三类是城市旅游推介及活动指标，以说明城市软实力所需的旅游推介及活动状况，即从动态反映城市软实力提升所需的旅游传播优势。

1. 系统性

基于旅游业协同促进城市软实力建设与提升的理论分析框架，旅游业协同促进下城市软实力评价研究从城市旅游提供的外部保障、城市旅游资源、城市旅游推介及活动出发，在评价指标选取时，不仅要注意这三个方面与旅游协同促进城市软实力建设之间的关系，还要密切关注三者之间的相互协调与动态平衡，最大限度地确保所选指标体系能符合旅游协同促进城市软实力建设与研究的逻辑关系。

2. 代表性

指标体系是反映旅游业协同促进下城市软实力的各类指标组成的有机整体，因此，评价指标体系应能够反映旅游业协同促进下城市软实力的各个方面，从不同的角度反映旅游业协同促进下城市软实力的特征和状况。但是受指标可衡量性及资料取得的限制，指标的选取不可能面面俱到，这就要在对旅游业协同促进下城市软实力全面分析的基础上选取典型的、重点的、具有代表性的指标，使指标体系既涵盖竞争力的各个构成要素，又简明、可靠、实用。

3. 可比性

评价指标是进行竞争力比较评价的基础，指标选取一定要在时间、地点、核算方法、适应范围等方面具有可比性，以便进行横向和纵向比较。同时，在一定时期内评价指标体系的指标不宜频繁变动，以保持相对的稳定性，使旅游业协同促进下城市软实力动态比较具有可比性。

4. 针对性

对于旅游业协同促进下武汉城市软实力的评价是基于我国旅游业发展基础上的城市软实力研究，评价指标的选取应从中国城市旅游业发展的实际出发，反映中国城市旅游业发展的特色，如在城市旅游发展过程中历史文化旅游居于越来越突出的位置，应在城市软实力评价中给予强调和重视。

5. 动态与静态相结合

一方面竞争力评价指标应科学、客观地反映旅游业协同促进下城市软实力的现状和发展变化趋势，以便于预测和决策；另一方面旅游业协同促进下城市软实力本身具有动态发展的特点，因此，评价指标选取应动态和静态相结合。静态指标反映旅游业协同促进下城市软实力，分析过去与当前旅游业协同促进下城市软实力的绩效。动态指标来体现旅游业协同促进下城市软实力发展的后劲，预测未来城市软实力的走势。

（二）指标体系的具体构建

根据上述原则，结合前文旅游业协同促进下城市软实力的理论分析，特别是对旅游业协同促进下城市软实力的影响因素分析，主要是按照果、因两个维度来分析，既力求反映旅游业协同促进下城市软实力的结果性评价，也旨在反映影响城市软实力变化的城市旅游保障、城市旅游资源和城市旅游传播三个方面旅游因素状况，最终建立一套衡量旅游业协同促进下城市软实力的指标体系（如表7-1所示）。

表7-1　　　　旅游业协同促进下城市软实力的评价指标体系

旅游业对城市软实力的影响因子	城市软实力指标（F_1）	城市知名度（X_{11}）
		城市美誉度（X_{12}）
		城市文化影响力（X_{13}）
		人才吸引指数（X_{14}）
		求职地选择指数（X_{15}）
		移民化程度指数（X_{16}）
	旅游业对城市软实力的保障性指标（F_2）	城市旅游市场化程度（X_{21}）
		政府审批事项数量（X_{22}）
		地方旅游法规数量（X_{23}）
		地方旅游管理条例数量（X_{24}）
		旅游行业规范数量（X_{25}）
		行业服务标准出台数量（X_{26}）
		城市旅游年收入（X_{27}）
		境内外旅游年接待人次（X_{28}）
		旅游收入占GDP比重（X_{29}）
		每万人公共绿地面积（X_{210}）
		免费城市公园数量（X_{211}）
		国内旅游专利申请受理数（X_{212}）
		R&D经费/地区GDP（X_{213}）

续表

旅游业对城市软实力的影响因子	旅游业对城市软实力的要素性指标（F_3）	自然遗产数量（X_{31}）
		地质公园数量（X_{32}）
		自然旅游景区数量（X_{33}）
		风景名胜区数量（X_{34}）
		国家森林公园数量（X_{35}）
		国家水利风景区数量（X_{36}）
		自然保护区数量（X_{37}）
		文化遗产数量（X_{38}）
		文化旅游景区数量（X_{39}）
		口述和非物质遗产数量（X_{310}）
		全国重点文物保护单位数量（X_{311}）
		全国重点寺观数量（X_{312}）
		国家级爱国主义教育基地数量（X_{313}）
		国家民族文化旅游区数量（X_{314}）
		国家级或省级历史文化名镇名村数量（X_{315}）
		省级历史文化保护街区数量（X_{316}）
		博物馆、纪念馆、故居数量（X_{317}）
		旅游产业人员接受培训的比例（X_{318}）
		旅游院校在校学生人数（X_{319}）
		开办旅游职业高中或职业中专数量（X_{320}）
		旅游行业岗位培训通过率（X_{321}）
		对政府部门的行政评议（X_{322}）
		对城市治安的满意程度（X_{323}）
		刑事案件发生比率（X_{324}）
		社会保障覆盖范围（X_{325}）
	城市旅游推介及活动指标（F_4）	央视报道数量（X_{41}）
		《人民日报》报道数量（X_{42}）
		新华社报道数量（X_{43}）
		参加国家旅游局主办的国际、国内旅游交易会以及国家和省旅游局组织的海外促销的次数（X_{44}）
		电台、电视台、主要报纸有固定的旅游栏目数量（X_{45}）
		百度关键词搜索数（X_{46}）
		城市旅游网站访问数（X_{47}）
		国内外旅游接待人次（X_{48}）
		游客满意程度（X_{49}）

该指标体系总共包含 4 大类 53 个指标。其中，F_i 代表 4 大类评价指标，用 X_{ij} 代表直接观测的指标。

1. 结果性指标

结果性指标，即城市软实力指标（F_1），是旅游业协同促进下城市软实力的最直接的体现，主要是通过城市的知晓程度、好感程度、感召程度、吸引程度、流动程度 5 个方面指标来衡量。具体包括城市知名度（X_{11}）、城市美誉度（X_{12}）、城市文化影响力（X_{13}）、人才吸引指数（X_{14}）、求职地选择指数（X_{15}）、移民化程度指数（X_{16}）。

2. 原因性指标

按照上节的分析，原因性指标包括城市旅游保障性指标、城市旅游要素性指标、城市旅游推介及活动指标 3 大类，其具体如下：

（1）城市旅游保障性指标（F_2）。城市旅游保障包括制度保障、财力保障、环境保障 3 个方面。

制度保障主要选择市场化程度、法规制定、行业管理等方面进行观测。其中，市场化程度通过城市旅游市场化程度（X_{21}）、政府审批事项数量（X_{22}）来测量；法规制定采用地方旅游法规数量（X_{23}）、地方旅游管理条例数量（X_{24}）来表示；行业管理通过旅游行业规范数量（X_{25}）、行业服务标准出台数量（X_{26}）来观测。

财力保障主要从旅游收入、接待人次等方面进行观测，主要包括城市旅游年收入（X_{27}）、境内外旅游年接待人次（X_{28}）、旅游收入占GDP 比重（X_{29}）等指标进行观测。

环境保障主要从自然生态环境、社会文化环境两方面进行观测，具体通过每万人公共绿地面积（X_{210}）、免费城市公园数量（X_{211}）、国内旅游专利申请受理数（X_{212}）、R&D 经费/地区 GDP（X_{213}）等指标来表示。

（2）城市旅游要素性指标（F_3）。城市旅游资源包括自然景观资源、历史文化资源、人口素质要素、社会和谐要素 4 大类型。

自然景观资源反映城市拥有自然景观资源的状况，可用自然遗产数量（X_{31}）、地质公园数量（X_{32}）、自然旅游景区数量（X_{33}）、风景名胜区数量（X_{34}）、国家森林公园数量（X_{35}）、国家水利风景区数量

（X_{36}）、自然保护区数量（X_{37}）等指标测量。

历史文化资源反映城市拥有历史文化资源的状况，可用文化遗产数量（X_{38}）、文化旅游景区数量（X_{39}）、口述和非物质遗产数量（X_{310}）、全国重点文物保护单位数量（X_{311}）、全国重点寺观数量（X_{312}）、国家级爱国主义教育基地数量（X_{313}）、国家民族文化旅游区数量（X_{314}）、国家级或省级历史文化名镇名村数量（X_{315}）、省级历史文化保护街区数量（X_{316}）、博物馆、纪念馆、故居数量（X_{317}）等指标反映。

人口素质要素反映城市旅游人才发展状况，可用旅游产业人员接受培训的比例（X_{318}）、旅游院校在校学生人数（X_{319}）、开办旅游职业高中或职业中专数量（X_{320}）、旅游行业岗位培训通过率（X_{321}）。

社会和谐要素反映城市社会整体和谐的状况，可用对政府部门的行政评议（X_{322}）、对城市治安的满意程度（X_{323}）、刑事案件发生比率（X_{324}）、社会保障覆盖范围（X_{325}）等指标测量。

（3）城市旅游推介及活动指标（F_4）。城市旅游推介及活动包括大众传播、网络传播、人际传播。

大众传播主要采用央视报道数量（X_{41}）、《人民日报》报道数量（X_{42}）、新华社报道数量（X_{43}）、参加国家旅游局主办的国际、国内旅游交易会以及国家和省旅游局组织的海外促销的次数（X_{44}）、电台、电视台、主要报纸有固定的旅游栏目数量（X_{45}）等指标反映。

网络传播采用百度关键词搜索数（X_{46}）、城市旅游网站访问数（X_{47}）等指标测量。

人际传播主要用国内外旅游接待人次（X_{48}）、游客满意程度（X_{49}）等指标反映。

三　主要分析方法

本书构建的旅游业协同促进下城市软实力评价体系属于多指标综合评价体系，通常采用加权平均法对它进行综合评价，其中，指标权重的确定非常关键。目前，学术界大多采用层次分析法（AHP）进行赋权。而层次分析法属于主观赋权法，各指标之间重要程度的判断是由专家决定的，而不同的专家因知识、经验和个人判断的不同，对各指标之间重要程度的判断也会很不一致，从而使各指标权重的设置带有一定的主观性。此外，一些指标由于存在一定的相关性，会造成信息相互重叠、相互干扰，从而使各指标所赋权重出现一定的偏差。为了克服人为确定权数的缺陷，使综合评价结果唯一，而且客观合理，本书采用主成分分析法和因子分析法对指标数据进行分析和评价。

（一）主成分分析法

主成分分析法与因子分析法一样，其目的都是降维。主成分分析法的基本原理是设法将原来指标重新组合成一组新的相互无关的几个综合指标（即通常所说的主成分）来代替原来指标，同时根据实际需要从中选取几个综合指标尽可能多地反映原来指标的信息。[①] 这两种方法应用的方向不太一致：主成分分析一般用来对所研究的现象进行综合评价、排序及筛选变量；而因子分析法虽可以用于综合评价，但更多侧重于对样本及变量的分类、比较和分析。在本书的研究中，结合研究的思路对结果性指标进行因子分析，其目的是为找出旅游目的地文化旅游产业竞争力体系中的薄弱环节；对资源因素类、需求因素类、相关组织因素和制度因素类指标，仅仅进行综合评价和排序，所以对它们的分析采用主成分分析法。

在处理方法上，主成分分析方法是因子分析方法的基础，即因子分析法是主成分分析方法的扩展。因此，主成分分析也可利用 SPSS 中的 Factor 过程来实现。在 Factor 中，如果全部采用默认状态（或仅改变提取公因子个数一项），则进行的是主成分分析，在使用此过程时应注意以下几点：

第一，经过 Factor 过程产生因子载荷阵，但主成分分析模型需要的不是因子载荷量而是特征向量，所以还需要将因子载荷量输入数据编辑窗口，利用"主成分相应特征根的平方根与特征向量乘积为因子载荷量"的性质，用"Transform Compute"来计算特征向量，从而才能得到主成分的线性表达式。

第二，在 SPSS 中的 Factor 过程中，因子分析只需简单地选择对话框中"Score"进行操作，而主成分分析中，主成分得分是根据表

①　朱顺泉：《管理科学研究方法——统计与运筹优化应用》，清华大学出版社 2006 年版，第76—78 页。

达式将标准化后的相应数据代入来得到的，因此，其计算得分需在
"Transform Compute" 对话框中输入主成分的表达式。

（二）因子分析法

1. 基本思想

因子分析法是将多个变量 X_1，X_2，…，X_p（可以观测的随机变量，也即显在变量）综合为少数几个因子 F_1，F_2，…，F_n（不可观测的潜在变量），以再现指标与因子之间的相关关系的一种统计方法。其基本思想是：根据相关性大小对变量进行分组，使得同组内的变量之间的相关性较高，不同组的变量之间的相关性较低。每组变量代表一个基本结构，因子分析中将其称为公共因子，它们可以反映问题的一个方面，或者说一个维度。通过几个公共因子的方差贡献率作为权重来构造综合评价函数，能够简化众多原始变量及有效处理指标间的重复信息[1]，所以其评价结果具有很强的客观合理性。

2. 基本步骤

第一，将原始数据 X_{ij} 标准化为 Z_{ij}，以消除指标量纲和数量级的影响。

第二，计算标准化指标的相关系数矩阵 R。

第三，用雅可比方法求 R 的特征根 λ_i（由大到小排序）及其相应的特征向量 $\zeta = (\zeta_{i1}, \zeta_{i2}, \cdots, \zeta_{ip})'$。

第四，确定公共因子数：选择特征根 ≥1 的个数 m 为公共因子数，或者根据累计方差贡献率 ≥85% 的准则确定 m。

第五，计算初始因子载荷矩阵 $A = (a_{ij})$。

其中，$a_{ij} = \sqrt{\lambda_j}\zeta_{ij}(i = 1, 2, \cdots, p, j = 1, 2, \cdots, m)$

这一步实际是求解因子模型：$Z = AF$。

其中，$Z = (z_1, z_2, \cdots, z_p)'$，$F = (f_1, f_2, \cdots, f_m)'$

第六，解释公共因子的实际含义。由因子模型矩阵得到的初始因子载荷矩阵，如果因子负荷的大小相差不大，求得的因子变量含义不明显，对因子的解释可能有困难，实用价值也不大，因此，为了更清

---

[1] 朱顺泉：《管理科学研究方法——统计与运筹优化应用》，清华大学出版社 2006 年版，第 90—91 页。

楚地将因子与变量的关系显现，一般采用因子旋转。常用的方法是方差最大正交旋转。这种方法以因子载荷矩阵中各因子载荷值的总方差达到最大作为因子载荷矩阵的准则，即使因子载荷矩阵的元素的绝对值按列尽可能向两极分化，少数元素取尽最大的值，而其他元素尽量接近零，同时，也包含着按行向两极分化。旋转的结果使得每个公共因子代表较为明显的经济含义，便于进一步的解释分析。

第七，计算因子得分。因子是原始变量某类性质的抽象显示，其数值无法直接观测，但在实际的统计分析中，我们希望用具体数值来描述主因子作为一个综合指标在个体水平上的差异，就需要利用公共因子和原始变量的关系，估计出不同公共因子的得分。计算方法是：首先计算相关系数矩阵 R 的逆阵 R^{-1}，再根据 $F = A'R^{-1}X$ 估计出各被评价对象的因子得分，其中，$F = (f_1, f_2, \cdots, f_m)'$，$f_i$ 为第 i 个公共因子的得分。

第八，计算综合得分。综合得分由每个主因子的得分加权求和而得，其中权数由各个主因子的贡献率在累计贡献率中所占的比例确定。即

$$T = \sum_{i=1}^{m} w_i f_i，其中 w_i = \lambda_i / \sum_{i=1}^{m} \lambda_j 是第 i 个公共因子的权数。$$

因子分析法的计算过程较为复杂，但是通过运用 SPSS 统计软件中的因子分析（Factor）模块可以十分方便地完成上述运用。本书运用 SPSS 20.0 统计软件对旅游业协同促进下城市软实力进行分析和评价。

第二节　旅游协同促进武汉城市
软实力评价的实证分析

在旅游业协同促进下城市软实力评价理论与方法的设计基础上，本节通过样本确定、数据采集及进行相关处理，对我国 4 个直辖市和 27 个省会城市旅游业协同促进下城市软实力进行分类比较和总体评价。

一　样本确定与数据来源

样本的确定、数据的采集和处理是本章进行旅游业协同促进城市软实力提升评价实证研究的前提和基础。

（一）样本城市确定

"城市"作为旅游活动开展、旅游产业运行的特定区域，是旅游业运行的重要载体和空间场所。按照我国行政层级划分，由上到下依次一般可分为直辖市（省级）、省城城市及计划单列市（副省级）、省会城市（地级）、地级市、县级市。根据《中国城市发展报告（2012 卷）》相关数据显示，截至 2012 年年底，全国共有设市城市658 个（不含港澳台地区）。由于经济总量、人口规模的差距明显，若是将这些不同层级的城市统一进行对比，本身不具有可比性，也容易导致城市之间对比失去意义，对比得出的结论有失偏颇。因此，本书考虑数据指标的可比性，将研究的样本城市范围确定为 31 个城市，具体包括：4 个直辖市，即北京、天津、上海、重庆；27 个省会（自治区首府）城市，即成都（四川）、拉萨（西藏）、西宁（青海）、贵阳（贵州）、昆明（云南）、银川（宁夏）、西安（陕西）、兰州（甘肃）、乌鲁木齐（新疆）、呼和浩特（内蒙古）、南宁（广西）、太原（山西）、合肥（安徽）、南昌（江西）、郑州（河南）、武汉（湖北）、长沙（湖南）、济南（山东）、广州（广东）、南京（江苏）、杭州（浙江）、石家庄（河北）、沈阳（辽宁）、长春（吉林）、哈尔滨（黑龙江）、福州（福建）、海口（海南）。

（二）数据来源

要进行旅游业协同促进城市软实力提升的实证分析，由于软实力本身涉及许多需要主观评价的"软指标"，如果通过常规的问卷调查方式进行数据的获取，按每个城市 200 份问卷来计算，总问卷数据也达到 6300 份。按每份问卷调查的费用 20 元测算，问卷调查所需总费用为 12.6 万元。对于本书而言，无疑大大超过了其所能承担的费用开支范围。如果退而求其次，为减少费用支出而减少抽样的问卷数量，但如何保证抽出的样本真正具有代表性，问卷调查的信度和效度符合统计科学性的要求都是需要反复抽样才能解决的难题，这也直接会导致实际调查问卷数量可能无法真正做到减少。

为此，在数据来源上，与其盲目花费大量的费用成本片面追求去获取一手数据，不如采取较为权威的二手数据，既能节约调研成本费用，也能保证数据的科学性、准确性和权威性。在已有文献梳理的基础上，本书以《中国城市统计年鉴》、《中国城市竞争力年鉴》、《中国旅游统计年鉴》、《中国旅游区（点）概览》、《中国统计年鉴》、中国旅游报、国家旅游局官方网站（http：//www. cnta. com/）、各城市旅游市场调查与分析报告、主流媒体网站及中国网站排名网（http：//www. chinarank. org. cn/）等相关资料作为主要数据来源。

（三）数据处理

基于数据采集的困难与部分数据所显示的意义与研究目的不符，需要做以下的特别处理：

1. 关于"百度关键词搜索数"、"城市旅游网站访问数"指标的处理

在城市旅游推介及活动指标中，"百度关键词搜索数"、"城市旅游网站访问数"指标需要先以城市名称进行检索，再做无量纲化处理。

2. 关于"央视报道数量"、"《人民日报》报道数量"、"新华社报道数量"指标的处理

在城市旅游推介及活动指标中，"央视报道数量"、"《人民日报》报道数量"、"新华社报道数量"指标，同样先以城市名称进行检索，再作无量纲化处理，最后从城市软实力提升的角度，取城市正面形象宣传的报道数量。

二 旅游业协同促进下武汉城市软实力的分类比较与总体评价

本书运用SPSS 20.0统计软件，运用主成分分析法对31个城市的截面数据进行计算和处理，分析对城市软实力和城市旅游保障性指标、城市旅游资源性指标、城市旅游推介及活动性指标原始变量进行综合分析。

（一）分类比较与评价

1. 对城市软实力指标的比较与评价

对城市软实力指标数据运用SPSS 20.0统计软件进行主成分分析。从表7-2中可以看出，提取3个特征值大于1的主成分，累计的方

差贡献率已达到82.641%，可以很充分地反映众多原始指标的信息。同时，将表7-2中提供的各主成分的方差贡献率作为权重，加权计算得出该大类的综合得分值。

表7-2　　　　　解释方差综合（Total Variance Explained）

因子	初始特征值			提取平方载荷的综合		
	Total	% of Variance	Cumulative	Total	% of Variance	Cumulative
1	11.765	45.134	45.134	11.765	45.134	45.134
2	6.357	23.431	68.565	6.357	23.431	68.565
3	4.086	14.076	82.641	4.086	14.076	82.641
4	0.905	6.686	89.327			
5	0.843	5.477	94.804			
6	0.815	5.196	100			

　　主成分分析得到的三个主成分与6个原始指标的线性组合（见表7-3）。该表给出的是提取的主成分与原始指标的线性模型，据此可以算出各个主成分的得分，从而算出城市软实力指标的综合得分值，然后，根据方差贡献率加权计算出综合得分值，即

$$F_1 = 0.45134 \times F_{11} + 0.23431 \times F_{12} + 0.14076 \times F_{13}$$

　　其中，F_1为城市软实力的综合得分值，F_{11}、F_{12}、F_{13}分别为3个主成分的得分值。

表7-3　因子负荷矩阵（Component Score Coefficient Matrix）

	Component		
	1	2	3
城市知名度（X_{11}）	0.6427	0.201	0.204
城市美誉度（X_{12}）	0.245	0.524	0.157
城市文化影响力（X_{13}）	0.258	0.317	0.546
人才吸引指数（X_{14}）	0.142	0.025	-0.015
求职地选择指数（X_{15}）	0.097	0.041	0.042
移民化程度指数（X_{16}）	0.015	0.097	0.014

根据城市软实力的综合得分值，对各城市进行排序（见表7-4）。

表7-4　　　　　　　　　城市软实力状况排名

排名	地区	排名	地区	排名	地区	排名	地区
1	北京	9	昆明	17	沈阳	25	海口
2	上海	10	武汉	18	长春	26	乌鲁木齐
3	天津	11	南京	19	哈尔滨	27	呼和浩特
4	重庆	12	广州	20	南宁	28	兰州
5	成都	13	郑州	21	福州	29	拉萨
6	杭州	14	济南	22	贵阳	30	西宁
7	西安	15	太原	23	合肥	31	银川
8	长沙	16	南昌	24	石家庄		

从表7-4中可以看出，东部城市占据了前10位的4个席位。显然，东部城市在城市的知晓程度、好感程度、感召程度、吸引程度、流动程度等城市软实力方面占据更强的位置，但中西部城市与之相比仍存在较大差距。武汉城市软实力处于中上等水平。

2. 对城市旅游保障性指标的比较与评价

对城市旅游保障性指标数据运用SPSS 20.0统计软件进行主成分分析。从表7-5中可以看出，提取5个特征值大于1的主成分，累计的方差贡献率已达到81.65%，可以很充分地反映众多原始指标的信息。同时，将表7-5中提供的各主成分的方差贡献率作为权重，加权计算得出该大类的综合得分值。

表7-5　　　　　解释方差综合（Total Variance Explained）

因子	初始特征值			提取平方载荷的综合		
	Total	% of Variance	Cumulative	Total	% of Variance	Cumulative
1	8.645	43.967	43.967	8.645	43.967	43.967
3	3.361	15.925	59.892	3.361	15.925	59.892
7	2.873	11.318	71.21	2.873	11.318	71.21

续表

因子	初始特征值			提取平方载荷的综合		
	Total	% of Variance	Cumulative	Total	% of Variance	Cumulative
11	1.742	5.602	76.812	1.742	5.602	76.812
12	1.147	4.843	81.655	1.147	4.843	81.655
2	0.872	3.148	84.803			
4	0.762	3.083	87.886			
5	0.692	2.805	90.691			
6	0.612	2.776	93.467			
8	0.397	2.094	95.561			
9	0.329	1.964	97.525			
10	0.168	1.675	99.2			
13	0.081	0.8	100			

主成分分析得到的 5 个主成分与 13 个原始指标的线性组合（见表 7 - 6）。该表给出的是提取的主成分与原始指标的线性模型，据此可以算出各个主成分的得分，从而算出城市旅游保障性指标的综合得分值，然后，根据方差贡献率加权计算出综合得分值，即

$$F_2 = 0.43967 \times F_{21} + 0.15925 \times F_{23} + 0.11318 \times F_{27} + 0.05602 \times F_{211} + 0.04843 \times F_{212}$$

其中，F_2 为城市旅游保障的综合得分值，F_{21}、F_{23}、F_{27}、F_{211}、F_{212} 分别为 5 个主成分的得分值。

表 7 - 6　因子负荷矩阵（Component Score Coefficient Matrix）

	Component				
	1	2	3	4	5
城市旅游市场化程度（X_{21}）	0.551	0.048	-0.214	0.008	0.015
政府审批事项数量（X_{22}）	0.268	-0.024	-0.037	0.029	0.027
地方旅游法规数量（X_{23}）	0.358	0.017	-0.176	-0.054	0.035
地方旅游管理条例数量（X_{24}）	0.066	0.606	-0.014	0.032	0.026
旅游行业规范数量（X_{25}）	0.069	0.247	0.073	0.011	0.012
行业服务标准出台数量（X_{26}）	0.068	0.356	0.012	0.074	0.036

续表

	Component				
	1	2	3	4	5
城市旅游年收入（X_{27}）	0.066	−0.075	0.349	−0.034	−0.022
境内外旅游年接待人次（X_{28}）	0.064	0.003	0.212	−0.075	−0.026
旅游收入占 GDP 比重（X_{29}）	0.049	0.178	0.476	−0.014	−0.042
每万人公共绿地面积（X_{210}）	0.049	−0.026	−0.205	−0.068	−0.014
免费城市公园数量（X_{211}）	0.054	−0.025	−0.273	0.208	0.301
国内旅游专利申请受理数（X_{212}）	0.058	0.075	−0.045	0.421	0.354
R&D 经费/地区 GDP（X_{213}）	0.064	0.056	0.011	0.135	0.126

根据城市旅游保障性指标的综合得分值，对各城市进行排序（见表 7-7）。

表 7-7 城市旅游保障状况排名

排名	地区	排名	地区	排名	地区	排名	地区
1	北京	9	重庆	17	乌鲁木齐	25	南昌
2	上海	10	长沙	18	济南	26	海口
3	广州	11	沈阳	19	合肥	27	呼和浩特
4	天津	12	西安	20	昆明	28	兰州
5	武汉	13	郑州	21	南宁	29	拉萨
6	杭州	14	贵阳	22	太原	30	银川
7	南京	15	长春	23	福州	31	西宁
8	成都	16	哈尔滨	24	石家庄		

从表 7-7 中可以看出，除武汉、成都、重庆、长沙外，东部城市占据了前 10 位的 6 个席位。显然，东部城市制度保障、财力保障、环境保障等城市旅游保障性方面占据较大优势，但中西部城市较之以往已有较大进步。武汉城市旅游保障处于中上等水平。

3. 对城市旅游要素性指标的比较与评价

对该类指标的数据采用主成分分析法进行计算和处理。从表 7-8

中可以看出，提取四个特征值大于1的主成分，累计的方差贡献率已达到84.676%。因此，提取4个主成分已经能充分反映众多原始指标的信息。同时，将表7－8中提供的各主成分的方差贡献率作为权重，可以加权计算出该大类的综合得分值。

表7－8　　　　解释方差综合（Total Variance Explained）

因子	初始特征值			提取平方载荷的综合		
	Total	% of Variance	Cumulative	Total	% of Variance	Cumulative
3	8.276	35.384	35.384	8.276	35.384	35.384
9	3.204	20.207	55.591	3.204	20.207	55.591
19	1.187	15.231	70.822	1.187	15.231	70.822
23	1.011	13.854	84.676	1.011	13.854	84.676
1	0.901	3.301	87.977			
2	0.874	2.432	90.409			
4	0.742	1.842	92.251			
5	0.689	1.527	93.778			
6	0.534	1.205	94.983			
7	0.411	1.021	96.004			
8	0.383	0.801	96.805			
10	0.304	0.676	97.481			
11	0.249	0.527	98.008			
12	0.201	0.278	98.286			
13	0.174	0.209	98.495			
14	$9.54E-02$	$7.01E-02$	98.578			
15	$8.76E-02$	$6.42E-02$	98.715			
16	$7.14E-02$	$5.36E-02$	98.804			
17	$6.08E-02$	$4.75E-02$	98.845			
18	$5.24E-02$	$3.26E-02$	98.883			
20	$4.21E-02$	$2.34E-02$	99.012			
21	$3.28E-02$	$1.18E-02$	99.425			
22	$2.87E-02$	$0.98E-02$	99.842			
24	$2.15E-02$	$0.73E-02$	100			

表7-9　因子负荷矩阵（Component Score Coefficient Matrix）

	Component			
	1	2	3	4
自然遗产数量（X_{31}）	0.062	0.034	0.346	0.022
地质公园数量（X_{32}）	0.052	-0.075	-0.031	-0.107
自然旅游景区数量（X_{33}）	0.067	0.015	-0.173	-0.014
风景名胜区数量（X_{34}）	0.057	-0.147	-0.038	-0.057
国家森林公园数量（X_{35}）	0.025	-0.078	0.025	-0.063
国家水利风景区数量（X_{36}）	0.017	0.034	0.014	0.015
自然保护区数量（X_{37}）	0.038	0.025	0.037	0.042
文化遗产数量（X_{38}）	0.001	0.017	0.024	-0.021
文化旅游景区数量（X_{39}）	0.005	0.012	0.074	0.004
口述和非物质遗产数量（X_{310}）	0.034	0.026	0.001	-0.107
全国重点文物保护单位数量（X_{311}）	0.008	0.035	0.021	-0.064
全国重点寺观数量（X_{312}）	0.021	0.116	-0.152	-0.157
国家级爱国主义教育基地数量（X_{313}）	0.017	-0.032	-0.047	-0.034
国家民族文化旅游区数量（X_{314}）	0.023	0.165	0.039	0.042
国家级或省级历史文化名镇名村数量（X_{315}）	0.019	0.043	0.015	0.012
省级历史文化保护街区数量（X_{316}）	0.014	0.016	0.011	-0.165
博物馆、纪念馆、故居数量（X_{317}）	0.016	0.164	0.078	-0.157
旅游产业人员接受培训的比例（X_{318}）	-0.052	-0.123	0.341	-0.104
旅游院校在校学生人数（X_{319}）	0.002	0.141	0.405	0.042
开办旅游职业高中或职业中专数量（X_{320}）	-0.025	0.113	0.523	0.027
旅游行业岗位培训通过率（X_{321}）	-0.075	-0.032	0.074	0.408
对政府部门的行政评议（X_{322}）	-0.124	-0.007	0.065	0.346
对城市治安的满意程度（X_{323}）	-0.024	-0.074	0.057	0.5008
刑事案件发生比率（X_{324}）	0.003	0.308	-0.027	0.204
社会保障覆盖范围（X_{325}）	0.004	0.016	0.023	0.236

表7-9给出的是提取的4个主成分与25个原始指标的线性模型，据此可以算出各个主成分的得分，并根据方差贡献率加权计算出城市旅游资源综合得分值，即

$$F_3 = 0.35384 \times F_{33} + 0.20207 \times F_{39} + 0.15231 \times F_{319} + 0.13854 \times F_{323}$$

其中，F_{33}、F_{39}、F_{319}、F_{323}分别为三个主成分的得分值。

根据城市旅游要素的综合得分值，可以对各城市进行位次排序，见表 7 – 10。

表 7 – 10　　　　　　　　　城市旅游要素状况排名

排名	地区	排名	地区	排名	地区	排名	地区
1	北京	9	重庆	17	太原	25	海口
2	上海	10	郑州	18	贵阳	26	乌鲁木齐
3	南京	11	济南	19	昆明	27	呼和浩特
4	广州	12	武汉	20	南宁	28	拉萨
5	杭州	13	长沙	21	石家庄	29	兰州
6	西安	14	福州	22	南昌	30	西宁
7	成都	15	合肥	23	哈尔滨	31	银川
8	沈阳	16	天津	24	长春		

从表 7 – 10 中可以看出，在城市旅游要素方面，东部地区也占有相对的优势，排名前 10 位的城市中多数为东部城市。中部城市排名次之，西部地区的西宁、拉萨、银川排在最后。事实上，与西部地区相比，从自然景观资源、历史文化资源、人口素质、城市和谐等城市旅游要素来看，东部和中部城市旅游对城市软实力的要素支持更为突出。

4. 对城市旅游推介及活动指标的比较与评价

对该类指标的数据采用主成分分析法进行计算和处理。从表 7 – 11 中可以看出，提取前三个特征值大于 1 的主成分，累计的方差贡献率已达到 79.635%，因此，提取 3 个主成分已经能充分反映众多原始指标的信息。同时，将表 7 – 11 中提供的各主成分的方差贡献率作为权重，可以加权计算出该大类的综合得分值。

表 7 – 11 　　　　　　解释方差综合（Total Variance Explained）

因子	初始特征值			提取平方载荷的综合		
	Total	% of Variance	Cumulative	Total	% of Variance	Cumulative
1	7.135	32.452	32.452	7.135	32.452	32.452
6	5.032	28.341	60.793	5.032	28.341	60.793
8	2.487	18.842	79.635	2.487	18.842	79.635
2	0.885	7.342	86.977			
3	0.642	3.275	90.252			
4	0.437	3.014	93.266			
5	0.218	2.854	96.12			
7	0.248	2.537	98.657			
9	0.123	1.343	100			

　　表 7 – 12 给出的是提取的 3 个主成分与 9 个原始指标的线性模型，据此可以算出各个主成分的得分，并根据方差贡献率加权计算出城市旅游推介及活动综合得分值，即

$$F_4 = 0.32452 \times F_{41} + 0.28341 \times F_{46} + 0.18842 \times F_{48}$$

其中，F_{41}、F_{46}、F_{48} 分别为三个主成分的得分值。

表 7 – 12 　因子负荷矩阵（Component Score Coefficient Matrix）

	Component			
	1	2	3	4
央视报道数量（X_{41}）	−0.058	0.072	0.532	0.107
《人民日报》报道数量（X_{42}）	0.325	0.071	−0.013	0.0421
新华社报道数量（X_{43}）	0.464	0.073	0.063	0.065
参加国家旅游局主办的国际、国内旅游交易会以及国家和省旅游局组织的海外促销的次数（X_{44}）	0.214	0.072	−0.112	0.067
电台、电视台、主要报纸有固定的旅游栏目数量（X_{45}）	0.132	0.066	−0.078	0.071
百度关键词搜索数（X_{46}）	0.463	0.064	−0.134	0.073
城市旅游网站访问数（X_{47}）	0.467	0.049	−0.057	0.072
国内外旅游接待人次（X_{48}）	0.465	0.049	0.025	0.066
游客满意程度（X_{49}）	0.211	0.054	0.275	0.064

根据城市旅游推介及活动的综合得分值，可以对各城市进行位次排序，见表7-13。

表7-13　　　　　　　　城市旅游推介及活动状况排名

排名	地区	排名	地区	排名	地区	排名	地区
1	北京	9	长沙	17	济南	25	海口
2	上海	10	沈阳	18	长春	26	乌鲁木齐
3	广州	11	郑州	19	合肥	27	呼和浩特
4	杭州	12	天津	20	南宁	28	兰州
5	南京	13	武汉	21	太原	29	拉萨
6	成都	14	昆明	22	福州	30	银川
7	西安	15	贵阳	23	南昌	31	西宁
8	重庆	16	哈尔滨	24	石家庄		

从表7-13中可以看出，在城市旅游推介及活动方面，东部和中部城市也占有绝对的优势，前10位中除成都、西安和重庆外全部为东部和中部城市，这也反映出在旅游推介及活动方面，东部城市凭借地理位置、信息沟通等优势走在前面；中部城市随着对城市旅游业的逐步重视，也逐渐加大了旅游推介宣传力度。西部城市的拉萨、银川、西宁排在最后，这与客观的实际情况较为一致。事实上，东部城市、中部城市与西部城市相比，具有较大的传播优势。

（二）总体比较与评价

根据上述四个方面的综合得分值，计算出各个类的方差，进而得到各类方差占总方差的比重作为权重，加权各类的综合得分值，从而得到各城市旅游业协同促进下城市软实力总的综合评价值。具体步骤如下：

第一，计算4个大类指标的方差贡献率。其计算公式为：

$$\mathrm{var}f_i = \frac{n\sum x^2 - (\sum x)^2}{n^2}，其中，f_i 为第 i 个类的综合得分值。$$

由此计算出各类的方差贡献率依次为：0.313542895、0.162846042、0.257413、0.264364186。

第二，加权得到总的综合评价值，即：

$$F = 0.313542895 \times F_1 + 0.162846042 \times F_2 + 0.257413 \times F_3 + 0.264364186 \times F_4$$

第三，根据所得到的旅游业协同促进下城市软实力综合评价值，对本书研究的各个城市进行排序，见表7-14。

表7-14　　　旅游业协同促进下城市软实力综合评价排序情况

排名	地区	排名	地区	排名	地区	排名	地区
1	北京	9	昆明	17	沈阳	25	海口
2	上海	10	武汉	18	长春	26	乌鲁木齐
3	成都	11	南京	19	哈尔滨	27	呼和浩特
4	重庆	12	广州	20	南宁	28	兰州
5	杭州	13	郑州	21	福州	29	拉萨
6	西安	14	济南	22	贵阳	30	西宁
7	天津	15	太原	23	合肥	31	银川
8	长沙	16	南昌	24	石家庄		

第四，对区域位次的排序进行差异显著性检验。根据各城市的综合评价得分值，可得到各城市旅游业协同促进下城市软实力的位次排序，基于检验各城市在旅游业协同促进下软实力方面是否存在显著差异的研究目的，对各城市分别进行独立样本的秩和检验，具体检验结果见表7-15，从表中可以看出，统计量的伴随概率（P值）为0.0045，远远小于0.05的显著性水平，说明拒绝原假设——"样本不存在显著差异"的理由是很充分的，由此得出结论，即东部、中部和西部城市旅游业协同促进下软实力存在着显著性差异。

表7-15　　　　　　　　检验结果

	旅游业协同促进下城市软实力综合评价
Mann-Whitney U	14.000
Wilcoxon W	97.000
Z	-3.641
Asymp Sig.（2-tailed）	0.0045
Exact Sig.［2×（1-tailed Sig）］	0.0045

从表 7 – 14 中可以看出，在对东部、中部和西部各城市旅游业协同促进下城市软实力进行综合评价比较中，前 10 名中东部城市与西部城市各占 4 席，其中，广东、北京、成都三个城市的旅游业协同促进下城市软实力综合水平位居前三甲；中部城市长沙、武汉进入前 10 名；西部地区大多排名靠后，其中，拉萨、西宁、银川旅游业协同促进下城市软实力综合水平排名最后。综合来看，东部、中部城市的旅游业协同促进下城市软实力总体水平高于西部地区。

三　实证结论

通过上述章节对于旅游协同促进下城市软实力的实证分析与评价，对于我国协同促进下的城市软实力可以得出以下若干基本结论：

第一，我国旅游业协同促进下城市软实力总体水平差距明显，具有显著的区域性特征。东部城市、中部城市的旅游对城市软实力的保障总体水平高于西部城市，这既与我国旅游业发展的区域差异基本相符，意味着包括制度保障、财力保障、环境保障等旅游发展地区差异对旅游业协同促进下城市软实力有着非常重要的影响，也与我国城市旅游拥有的自然景观资源、历史文化资源、人口素质、城市社会和谐等城市旅游要素地区差异相关。

第二，上述因素中对旅游业协同促进下城市软实力发生影响作用程度依次是城市旅游推介及活动、城市旅游要素、城市旅游外部保障。从城市旅游外部保障、城市旅游要素、城市旅游推介及活动这三大类因子来看，它们对旅游产业竞争力综合评价的方差贡献率分别为 0.162846042、0.257413、0.264364186，由此可见，当前城市旅游推介及活动对于旅游业协同促进下城市软实力综合评价的大小贡献最大。

第三，旅游业协同促进下城市软实力综合水平并不完全取决于城市旅游要素因素，还要受到城市旅游外部保障、城市旅游推介及活动因素的影响，同时这些因素对于旅游业协同促进下城市软实力的影响作用还较为复杂。北京、成都、重庆、西安和杭州由于文化积淀丰厚、交通便利，具有良好的旅游经济基础及现代综合的旅游目的地发展体系，旅游业协同促进下城市软实力水平较高；广东的旅游经济及信息传播优势，辽宁、内蒙古的特色资源赋存，有力弥补了当地历史文化旅游资源方面的不足，旅游业协同促进下城市软实力水平相对较高；长沙的城市旅游推介及活动明显高于其他中部城市，使得其旅游业协同促进下城市软实力水平脱颖而出；武汉、郑州、合肥、南昌的历史文化资源明显优于西北、西南、东北等边疆城市，甚至较东部地区也毫不逊色，但当地独特的地理位置在成为沟通我国东南西北各方的交通枢纽的同时也屏蔽了其独有的城市旅游资源优势，这些城市的旅游业协同促进下城市软实力水平尽管同样可圈可点，但远未达到其应有的发展水平；云南、广西、贵州、西藏、陕西、甘肃、宁夏、新疆尽管当地外部环境发展程度有限，但西南地区丰富的民族文化旅游资源、西北地区特色鲜明的地域文化仍对旅游业协同促进下城市软实力水平形成较强的作用力。

第四，区域间旅游业协同促进下城市软实力水平综合评价排名靠前的地区，其影响要素的水平也相对较高，特别是在城市旅游外部保障因素和城市旅游推介及活动因素方面，排在前面的大多为东部地市和中部城市。这说明了目前旅游业协同促进下城市软实力水平还是仍然以区域整体旅游发展作为城市软实力的基础，在注重城市旅游资源有效开发利用的同时，更多地强调城市旅游推介及活动的开展。

本章小结

在前文对旅游业协同促进下城市软实力的理论关系探讨及结合我国城市发展实际进行旅游业协同促进城市软实力的作用机制基础上，本章进行旅游业协同促进下城市软实力的评价设计和实证研究。

在前文对旅游业协同促进下城市软实力的理论分析基础上，本章进行旅游业协同促进下城市软实力的评价设计研究。首先，在旅游业协同促进下城市软实力的理论分析的基础上，特别是结合旅游业协同促进下城市软实力的影响因素分析，创建了旅游业协同促进下城市软实力评价理论分析框架——二维度分析模型，力求一方面反映城市软实力的水平；另一方面能追溯旅游业影响城市软实力的基本原因，即结果、原因两方面。其次，据此构建了旅游业协同促进下城市软实力评价的指标体系。最后，分别说明旅游业协同促进下城市软实力评价中所使用的一系列基本方法的主要思想和步骤，包括主成分分析法、因子分析法。

在旅游业协同促进下城市软实力评价理论与方法的设计基础上，本章通过数据采集及进行相关处理，对我国包括直辖市和省会城市在内的 31 个城市进行实证研究，对我国东、中、西部城市的旅游业协同促进下城市软实力进行分类比较和总体评价，并得出主要结论。其研究结论如下：

根据对旅游业协同促进下城市软实力的实证研究，对我国旅游业协同促进下城市软实力及影响因素进行了全面评价和分析。从区域范围来看，我国旅游业协同促进下城市软实力有着明显梯度差异，具有显著的区域性特征。东部城市的旅游业协同促进下城市软实力总体水平高于中西部地区。从原因性指标来看，旅游业协同促进下城市软实力的形成、运行，并不单独取决于某一方面的因素，也不是各方面因素的简单相加，而是上述多方面因素的有机融合。其中，对旅游业协同促进下城市软实力发生影响作用程度依次是城市旅游推介及活动、城市旅游资源、城市旅游外部保障；目前，旅游业协同促进下城市软实力建设主要是以区域整体旅游发展作为软实力的基础，在注重城市旅游资源有效开发利用的同时，更多地强调城市旅游推介及活动的开展。

第八章　旅游协同的武汉城市
软实力提升策略

第一节　武汉市旅游业发展现状分析

一　旅游产业地位显著提升

伴随着中国优秀旅游城市的创建，武汉市旅游产业也得到了迅猛发展。2000—2013 年，武汉市旅游人次与旅游收入的年平均增长速度都超过了 10%，高于国民经济增长的速度。2011 年，武汉市旅游人次首次突破了 1 亿人次，标志着武汉市旅游产业已经成为城市新的经济增长点。截至 2013 年年底，武汉市国内游客接待规模达到 17022.11 万人次，同比增长 21%；全年接待 161.37 万人次的海外游客，同比增长 7.0%；实现 1690.02 亿元的旅游总收入，同比增长 21.1%。其中，国内旅游收入与国际旅游外汇收入都得到了较大幅度的增长（见表 8 - 1）。2013 年，武汉市旅游总收入占全市 GDP 总量的 18.7%，旅游产业的支柱地位进一步确立，其产业关联带动作用以及对武汉新型城市化的推进和美丽乡村建设日渐明显，对武汉市经济、社会发展的综合带动作用也越来越明显。

表 8 - 1　　　　2009—2013 年武汉市接待国内（外）游客及
旅游（外汇）收入情况

指标	2009 年	2010 年	2011 年	2012 年	2013 年
国内旅游者（万人次）	6359.99	8852.34	11636.12	14067.7	17022.11

续表

指标	2009 年	2010 年	2011 年	2012 年	2013 年
国内旅游收入（亿元）	486.18	721.4	1014.74	1342.17	1633.4
海外游客（万人次）	66.9	92.79	115.91	150.89	161.37
旅游外汇收入（亿元）	32902.22	47578.27	60580.77	85208.89	91431.03

资料来源：武汉市旅游局官网。

二 旅游产业规模不断扩大

目前，武汉市已经形成包括旅游教育和食、住、行、游、购、娱在内的综合旅游产业体系。2013 年年末，武汉市有旅游基本单位1600 户；有 A 级景区 31 个，其中 5A 级景区 2 个、4A 级景区 16 个；有旅行社集团 6 家；有星级饭店 98 家（其中，五星级 14 家，四星级31 家）；有市级旅游名镇 6 个，市级旅游名村 3 个，市级旅游名街 6个；有星级农家乐 151 个（其中，五星级 20 个，四星级 18 个）；有旅行社 303 家（其中，具有出境组团资格的有 35 家，全国百强社 5家）；持证导游 9379 人，直接与间接从事旅游工作的人数分别约为 12万人和 55 万人。2013 年，全市实际旅游固定资产投资 131.42 亿元，比上年增长 24.61%。近年来，由政府主导、企业主体推进的武汉市旅游资源开发与文化、休闲、地产、养老等投资迅速发展。旅游产业与第一、第二以及第三产业的融合不断得到深化，产业基础不断增强，产业规模不断壮大，产业布局不断优化，大旅游、大市场、大产业的产业体系逐渐形成。

三 旅游需求与消费持续增长

1997 年，武汉市入境接待数量为 30.90 万人次，而 2013 年，全市入境游客接待量上升到了 161.37 万人次，年均增长率超过了 10%；全市国内旅游者接待量也由 1997 年的 1799 万人次上升到了 2013 年的 17022.11 万人次，其年均增长率高达 15.08%。随着国民经济的持续快速增长，人民收入水平的不断提高，特别是武汉"米"字形高铁网的建设与运行，都将进一步促进武汉旅游需求的增加与武汉旅游市场的拓展。2010 年元旦，武汉市就因武广高铁的开通而接待 50 多个广东团队，2600 多名游客，同比增长约 20%；同年春节，乘坐高铁来汉旅游者超过 5 万人次；旅行社接待高铁游客达 2.6 万余人次；辛亥革命纪念馆、黄鹤楼公园等景区游客接待量同比分别增长 79% 和 95%。武汉市高铁时代的来临及其旅游目的地城市的形成正深刻改变着武汉市旅游消费市场格局。

四　旅游公共服务体系逐步升级

随着城市建设的快速推进，武汉城市面貌正发生着翻天覆地的变化。为了大力发展旅游产业，实现"国家旅游中心城市"和"最佳旅游目的地城市"的战略目标，武汉市政府及旅游主管部门紧抓全国旅游标准化示范城市和国家智慧旅游试点城市"双试点"的机遇，致力于城市旅游公共服务体系的完善并取得了显著成效。在硬件建设方面，武汉市机场、车站、码头以及旅游集散中心，景区景点等都得到了不同程度的改建与扩建；在软件建设方面，武汉市景区智能导游服务系统、智能监控系统、智慧旅游体验中心和综合管理调度系统等更是得到了重点强化。另外，武汉市也正通过建设旅游信息网站、开通旅游咨询电话、发放景区旅游年卡、印发武汉旅游宝典手册等举措努力构建旅游咨询信息系统；通过对交通路网和基础通信设施的大力建设，武汉市市区通达性已得到大幅提高；武汉市安全、质量等监管体系的日益完善；旅游咨询、产品展示等服务功能的逐步实现以及旅游公共服务设施建设的大力开展共同促进武汉市旅游服务体系和服务质量的提档升级。

五　旅游标准化建设率先推进

2012 年，武汉市成为我国第二批旅游标准化试点城市和首批国家智慧旅游试点城市。武汉市坚持"顶层构架、条块结合、城区联动、示范引领、融合发展、全面提升"的战略思路，以旅游标准化为基点，高度规划、深度融合、精度打造，成功推动了城市旅游业的快速发展。截至 2013 年，全市已编制完成省级旅游地方标准 3 个，系列地方标准 9 个；在机场、车站等地建立了旅游信息咨询中心；黄鹤楼景区和武汉站的旅游集散中心也已投入运营，完善的城市旅游服务功能可以向广大市民和游客提供更加标准化与精细化的服务。武汉市率先以地方政府规章的形式制定《武汉市旅游标准化工作管理办法》、《武汉旅游标准化发展规划》以及武汉旅游标准化体系表，并将标准化试点工作与提高城市建设和管理水平、树立和展示武汉城市形象、建设国家中心城市的目标相结合，旅游发展的"武汉模式"逐渐彰显，这为实现"国家旅游中心城市"、"最佳旅游目的地城市"的战略目标夯实基础。

第二节　武汉市城市软实力现状分析

一　武汉城市软实力基础厚实

武汉市生产总值与财政收入基数大且增长快。2013 年，在错综复杂且相对艰难的发展环境中，在十八大精神的指引和鼓励下，武汉市实现了全市政治、经济、社会、文化与环境的全面协调发展，取得了丰硕的发展成果。2013 年，武汉市全年实现生产总值 9051.27 亿元，按可比价格，比上年增长 10.0%。武汉市固定资产投资力度较大。2013 年，全社会完成固定资产投资 6001.96 亿元，比 2012 年增长 19.3%；全年完成基础设施投资 1301.14 亿元，比 2012 年增长 6.7%；天河机场第二通道、鹦鹉洲长江大桥、武汉四环线高速公路等重大城市基础设施项目进展顺利。全市对外经济与招商引资态势良好。2013 年，武汉市外贸进出口总额 1350.36 亿元，比 2012 年增长 6.9%。其中，进口 608.94 亿元，增长 2.1%；出口 741.42 亿元，增长 11.1%。武汉居民收入增长较快，2013 年，武汉市居民人均可支配收入达 29821.22 元，同比增长 10.2%。

二　武汉城市软实力资源富足

武汉市气候环境舒适，自然灾害少发；城市山水环境优美，景观和谐。武汉市位于北回归线北侧的中纬地区，属北亚热带季风性湿润气候，80% 以上面积为岗垄和平坦平原地区，全市常年雨量丰润，热量充足，雨热同季，四季分明，气候环境舒适宜人。武汉市江河纵横，河港交织，湖泊星布；武汉市森林资源极为丰富，现有林地面积 173 万亩，森林覆盖率达 16.12%，是全国林业分类经营改革试点区，生态环境地位极其突出。经过长期经营与打造，黄鹤楼、东湖、木兰天池等景区已经在全省乃至全国都具有较高知名度和美誉度。武汉市历史文化底蕴丰富，城市风情独特，全市名胜古迹、文物保护单位以及革命纪念地数量众多。武汉市的传媒、影视娱乐、新闻出版、文化旅游等产业都有较快的发展，其中包括报纸、广播、电视、图书、互联网等在内的传媒资源都非常丰富，是武汉城市软实力建设中非常特殊和重要的资源。武汉市人口素质较高。截至2013年年底，全市共有1024所幼儿园，在园幼儿22.43万人；590所小学，在校学生42.38万人；369所普通中学，在校学生31.40万人；105所中等职业技术学校，在校学生9.86万人；80所普通高校，在校本科及大专生96.64万人，研究生10.74万人。截至2013年年底，全市拥有23个国家重点实验室，26个国家级工程技术研究中心，62位两院院士。全年承担2500项国家级科技计划项目，实施1019项市级科技计划项目。2013年，全市高新技术产业产值达5604.47亿元，增加值1700.19亿元。武汉市社会状态良好。放权、改革等一系列行政改革措施的稳步推进，大大提高了武汉市政府的办事效率。政务环境的改善不仅方便了普通民众，优化了投资环境，也进一步激发了市场的活力。2009年以来，武汉警方率先开展创建"警民关系最和谐城市"活动，始终如一关注百姓身边"小案"，中心城区流动警务车的配置更是增强了市民的安全感。武汉市警方一项项看似平凡的举措，在日复一日的温馨坚守中不断提高着武汉民众对城市社会治安的满意度。

三 武汉城市软实力传播较强

在评价某一城市软实力"传播"或者"媒介"现状时，学者们往往以"传播力度"作为潜变量来设定相应的指标并加以评价。以"通过指标体系能最大限度地反映测量事物"为尺度，综合学者们的选择，能测量城市软实力"传播力度"的这一潜变量的指标主要体现在央视报道数量、新华网图片数量、《人民日报》报道数量、百度关键词搜索数量、政府网站流量以及年入境游客数量六个方面。通过对指标体系进行再次细分，发现前三个指标反映的主要是城市软实力的大众传播力度，第四个、第五个指标反映的是城市软实力的网络传播力度，最后一个指标则反映的是城市软实力的人际传播力度。通过与其他30个城市的比较分析，发现在城市旅游推介及活动方面，武汉市位列第13名，虽然走在了部分直辖市与省会城市的前面，但与北京、上海、广州等城市相比仍存在较大的差距；与杭州、南京、成都相比，武汉市在城市软实力的传播方面还没有充分发挥其在交通区位、教育科技等方面的比较优势。尽管如此，武汉市媒体整体建设在全国范围来讲还是处于较为靠前的位置，也形成了一定的规模和基础，特别是在新媒体大发展时代背景下注重传统媒体与新媒体之间的交叉融合为武汉媒体发展提供了一条新的路径和机会，搭建了以政府旅游网站为龙头的旅游宣传推广网络平台体系。同时，武汉还非常注重积极主动参与在国家旅游局主办的国际、国内旅游交易会以及国家旅游局组织的海内外旅游促销活动等。

第三节　旅游协同促进城市软实力的SWOT分析

一　旅游协同促进城市软实力的优势

（一）武汉市城市软实力基础厚实且资源丰富

作为中部崛起与发展最重要的极核，武汉市经济发展迅速。截至2013 年年底，武汉市 14359.75 美元的人均 GDP 已经接近高收入国家的初级水平。武汉市自然环境优美，文化底蕴深厚；自然旅游资源和人文旅游资源丰富且品质较高；武汉市高校云集，文化产业发展良好；借着全国卫生城市、全国文明城市的打造，武汉城市环境日益美好，城市社会日益和谐。

（二）武汉市区位条件得天独厚且交通环境逐步完善

武汉市是我国人口的地理中心和内陆多功能的经济活动中心，是重要的商业中心城市和工业城市，具有连南贯北、承东启西的地理优势。武汉交通体系四通八达，是我国四大铁路枢纽之一和高铁枢纽的中心；是国家确定的公路主枢纽城市之一；是全国六大区域性枢纽机场之一；也是长江中游的航运中心。高速、发达的水、陆、空交通网络，在激发整座城市生机与活力的同时，也为外来游客与本地居民提供了快速通道，进一步拓展了旅游活动开展的范围和旅游产业发展的空间。旅游者旅行时间与金钱成本的降低，有利于武汉市作为旅游目的地集聚效应的实现，为旅游业规模的扩大提供保障。

（三）武汉市旅游休闲需求旺盛且政策扶持力度显著

一方面，伴随着武汉市经济、社会、文化的迅速发展，人民收入水平的大幅度提高，广大市民旅游休闲的消费需求正不断扩大且基本具备了消费能力。另一方面，湖北省和武汉市政府高度重视武汉市旅游产业的发展，《武汉城市圈旅游发展总体规划》、《武汉市旅游发展总体规划》、《武汉市旅游标准化工作管理办法》、《武汉市智慧旅游总体规划与建设方案》等的出台以及2013年旅游产业"武汉市服务业升级计划重点打造十大产业集群之一"战略地位的确立，都将为武汉旅游业集群化、规模化和国际化发展提供政策支持。

二　旅游协同促进城市软实力的劣势

（一）武汉市居民旅游休闲愿望不够强烈

2013年，国家旅游局综合司发布的《中国国民休闲状况调查报告》显示，我国国民工作日空闲时间占全天的13.15%，仅仅只有3小时，与经济合作与发展组织18个国家23.9%的平均值相比，还相去甚远。调查同时显示，从主观上来看，我国国民旅游休闲的愿望还不够强烈，民众更多选择家庭式休闲活动，如看电视、上网、聚会、逛街等，而旅游休闲则排名靠后。和全国总体情况一样，闲暇时间较短和休闲意识不强的局限共同减慢了武汉市旅游业发展的步伐。当然，假日里景区人满为患的现状也是民众放弃外出旅游的重要原因之一。如何分流旅游客源，让游客有更好的旅游体验，以增加旅游的吸引力也是各级旅游主管部门需要好好研究的问题。

（二）武汉市旅游产品竞争力有待提升

城市旅游的发展过程，也是城市旅游产品不断组合、优化和创新的过程。在城市旅游"散客化"、体验"深度化"的趋势下，游客在武汉市旅游的体验包括旅游者离开常住地进入武汉到最终离开武汉的整个过程中，对所接触的事物、所经历的事件和所享受的服务的综合感受。也就是说，对旅游者而言，整个武汉市就是一个巨型的旅游产品，而目前武汉市的市容市貌、市民素质、社会和谐等"延伸"旅游产品的不太尽如人意，不仅阻碍了潜在旅游者把武汉市作为旅游目的地的选择，而且也大大降低了游客对武汉旅游的满意度。武汉市现有以旅游设施和旅游线路为综合形态的有形旅游产品，在产品的质量、特色、品牌和包装上也不具备明显的竞争力，有待进一步创新和提升。

（三）武汉市旅游营销与推广还相对较弱

在城市竞争与旅游目的地竞争日趋激烈，信息传播爆炸和不对称并存的背景下，旅游目的地营销和旅游活动的推广就显得格外重要。旅游发展至今，虽然武汉市各级政府、各大相关企业在旅游目的地营销和旅游活动推广上也相继采取了众多的措施并起到了一定的效果。但在不同旅游景点或区域营销的组织，营销渠道的运用与方式的选择，以及对那些不被当作旅游资源来使用但同样对城市的性质起到重要作用的环境因素的重视程度上都需要进一步的思考和改进。

三　旅游协同促进城市软实力的机遇

（一）世界旅游业持续发展为武汉旅游业营造良好发展环境

伴随着全球政治的总体稳定、经济的稳步回升以及政策的逐步利好，旅游业在世界范围内都呈现着良好的发展业态；同时，亚太地区经济的持续稳定增长，居民消费能力的不断增强以及工业化进程的不断加快促使该区域的旅游业更是以强劲的势头在持续增长，在为世界旅游业发展持续注入活力的同时，也为我国旅游业营造出良好的内外部发展环境。

（二）我国旅游业新业态为武汉旅游业发展注入新的活力

国民经济的平稳发展和社会形态的和谐稳定，为我国旅游业的持续快速发展奠定了良好的基础。目前，我国人均 GDP 已经达到 5000 美元，一些发达地区甚至达到 10000 美元，城乡居民收入水平的提高和消费结构的优化，进一步拓宽了我国旅游业纵深发展的空间；经济发展方式的转变也再次凸显了旅游业的战略地位。作为资源节约型、环境友好型产业，作为扩大需求与提高生活质量的有效途径，旅游业将进一步凸显自身的优势并获得更多的政策支持。相关配套支撑体系的建设，改革开放的进一步深化将为武汉市旅游业发展提供有力保障和不竭动力。

（三）湖北省旅游业改革升级将助推武汉旅游业发展

2014 年年底，湖北省各级政府与旅游主管部门专题学习《国务院关于促进旅游业改革发展的若干意见》，并强调要立足湖北实情，切实推动湖北省旅游业的改革发展和转型升级，大力推进旅游开发的集约型转变，旅游服务的优质高效转变以及旅游产品的多功能转变；要实现旅游经济、社会与环境效益的统一，形成监管有序、经营守法与文明出游的旅游发展格局。战略协同、融合发展、精品集成、品牌营销、集约开发以及环境提升六大工程是助推我国旅游业转型升级与全面发展的重要法宝。

（四）武汉城市圈建设为旅游业发展提供新的契机

作为全国"两型"社会建设配套改革试验区的武汉城市圈，正致力于由粗放型经济发展模式向集约型经济发展模式的转变。旅游业综合效益大、联动作用强等优良产业属性决定了大力发展旅游业是武汉城市圈建设的必然要求。"长江经济带建设"国家战略地位的确立与湖北省"两圈两带"战略的实施为武汉市旅游业提供了新的发展契机。武汉市国际化和现代化发展战略为武汉城市旅游业发展指明了方向；国家中心城市、"两型"社会示范城市、"民生幸福"宜居城市的城市建设目标更是武汉市旅游业大发展的助推器。

四　旅游协同促进城市软实力的挑战

（一）旅游需求的扩大对武汉旅游业发展的挑战

目前，我国旅游业已经进入大众化的全面发展阶段。新的阶段，随着民众出游次数的增加，加上信息技术的发展和交通运输条件的改善，人们的出游动机乃至行为都已经发生了很大的变化，出现了信息化、自主化、休闲化、多样化等趋势，这些市场需求的变化对旅游供给提出了新的要求并构成了新时期武汉市旅游业发展最主要的矛盾。目前，武汉市旅游供给并不能完全满足旅游者和广大市民的需求，旅游者对旅游服务、体验质量、城市公共服务等仍有很多不满的地方，需要尽快完善。

（二）资源稀缺与偏好的变化对武汉旅游业发展的挑战

武汉市历史文化悠久，旅游资源非常丰富，为旅游业发展提供了很好的条件。近些年来，武汉以人文古迹、山水景观为依托，开发了许多旅游者喜爱的产品。但由于旅游资源的稀缺性和旅游者偏好的变化，如何从类型、范围、地域等方面拓展武汉市的旅游资源，打造出更多满足旅游者新的需求偏好的旅游产品就变得格外迫切。

（三）新的城市发展目标对武汉旅游业发展的挑战

宜居、宜游的城市发展目标要求尽快转变旅游业的发展方式，将武汉市旅游业从接待服务和门票经济中解放出来，积极发挥旅游业的社会、文化与环境改善等综合功能，切实推动武汉市旅游业从以经济功能为主向社会、文化功能并重的综合功能转型。新时期，武汉市要实现城市发展的总体目标，要提高广大市民的幸福指数和游客的满意度，就必须努力增强旅游业和其他产业、城市建设、社会文化的关联，而不仅仅是简单地增加若干接待人数和旅游收入。

第四节　旅游协同武汉城市软实力
提升的策略工具库

一　旅游平台搭建策略

（一）反思与转变：搭建武汉旅游业发展的战略平台

虽然"双休制"自1994年在我国开始实施以来，已经历经20余载，但休闲度假在我国仍是新事物，也是一种新的生活方式。目前，可供人们选择的休闲方式有很多，而旅游却是其中的主要方式之一。大众休闲旅游时代，武汉市要实现旅游产业的大发展，就要按照国务院31号文件的要求，在反思中树立全新的发展理念。

1. 树立"以人为本"的发展理念

高强度的生存压力和糟糕的生活环境，使大多城市人都处于亚健康状态，因此，越来越多的旅游者希望在回归自然的旅游过程中放松自己、放慢生活的脚步。《旅游法》的颁布和《国民旅游休闲纲要》的出台，意味着我国旅游业发展又重新回归到了本源，即要满足更多人的基本需求，以培养健康、幸福、快乐的人作为最根本的出发点。"以人为本"既是城市旅游业发展的终极目标，也是城市建设特别是城市软实力提升的终极目标，在旅游协同促进武汉城市软实力提升的过程中，要始终秉承"以人为本"的发展理念，实现旅游、城市和民众的共同发展。

2. 树立"人口融合"的发展理念

现代城市的发展要符合宜居城市、人文城市、特色城市以及和谐城市等多元要求。在城市休闲与城市旅游日益蓬勃的今天，城市外来旅游者与当地居民在空间资源、经济资源、自然资源以及环境资源的利用上不可避免地会发生冲突，两者的协调对城市旅游业的发展和城市社会的和谐都很重要。市民与游客人人都是城市形象，城市居民与游客相处得融洽与否，将直接影响游客对目的地城市的综合感知与评价，因此，在旅游协同促进武汉城市软实力提升的过程中，要树立"人口融合"的发展理念。在城市旅游服务满意度的调查过程中，要把游客满意度指数和市民的幸福指数都纳入调查范围之内。在让游客满意的同时，也要确保当地居民生活品质的提升，实现游客与居民利益互享、幸福与共的和谐局面。

3. 树立"全域旅游"的发展理念

伴随着经济的发展、市场需求的变化，旅游者的偏好正普遍由单一的观光游向观光、休闲、度假旅游转变，深度游、体验游、漫游更是如今城市旅游所日渐呈现的显著特征。目前，大多数旅游者已经不再满足于对大山大水的欣赏与驻足，而更愿意把旅游当作其生活的一部分，在更多参与中实现全身心的体验。在新的时代背景下，伴随着旅游业发展新业态的不断呈现，"全域旅游"的发展理念应运而生。该理念强调，要打破景区与城市其他区域之间明显的二元结构，提高游客体验的完整性与满意度。在北美、欧洲这些经济发达、城乡一体化程度较高的旅游目的地，政府有能力对整座城市的景观进行整体规划与设计，其全域旅游与全域景区的构想早已实现。虽然有关全域旅游的理论研究与实践探索在我国才刚刚起步；全域旅游的发展理念对我国政府的公共服务水平、基础设施的完善程度以及经济社会发展质量都提出了更高的要求，但对武汉这一省会城市而言却是完全可以实现的。在旅游协同促进武汉城市软实力提升的过程中，要树立"全域旅游"的发展理念，就是要树立全城旅游、大旅游和大资源观。这种发展观念并不仅仅是打包几个景区，也不是在整个武汉市的城乡或者是各区之间实现旅游的均等化发展，而是把整个城市的社会、经济、文化都纳入旅游资源的范畴，对涵盖区域范围内的整体软、硬环境的全面改善和针对城市不同区域特点进行的具体规划与整合。

4. 树立"产业融合"的发展理念

旅游业兼具经济功能与社会属性，是丰富城市民众精神文化生活的重要领域，是城市先进文化传承与创新的重要渠道，对促进城市文化的繁荣与发展意义重大。在旅游协同促进武汉城市软实力提升的过程中，除了要加大旅游业与第一、第二产业的融合，更要加大旅游业与第三产业中文化产业的深度融合。通过加速旅游产业与其他产业的联动，提升旅游行业的服务质量，带动旅游产品的创新。在"产业融合"发展理念的指导下，武汉市将进一步实现旅游业的转型与发展，增强广大游客与本地市民的幸福感。

（二）规制与保障：搭建武汉旅游业发展的管理平台

旅游业的快速发展带来了旅游资源范围的不断扩大、旅游市场边界的持续延伸以及旅游业与其他产业融合的逐步深化，也进一步凸显出旅游产业的关联性特征与综合带动作用。这要求政府打破纯粹行业管理的局限，把旅游业作为促进城市政治、经济、文化与环境协调发展的切入点和重要抓手，通过城市旅游业的发展来实现城市的整体发展和城市社会的全面和谐。具体而言，在旅游协同促进武汉城市软实力提升的过程中，要从以下四个方面来搭建旅游业发展的管理平台。

1. 完善旅游公共服务体系

城市旅游业的发展是一项相当复杂的系统工程，"全域旅游"发展理念指导下的城市旅游更需要完善的旅游公共服务系统加以支撑。在旅游协同促进武汉城市软实力提升的过程中，武汉市政府应构建政府主导、企业和社会力量广泛参与的"多主体、多层次"旅游公共服务供给模式；构建更加完善的武汉旅游公共信息服务系统和旅游安全保障及应急救助系统；落实特殊人群的旅游福利制度；因地制宜逐步制定并实施符合武汉城市实际情况的"带薪休假"办法。

2. 加大监管与执法力度

国民旅游休闲时代，为保障旅游权利的实现，有必要通过相关法律的制定与实施来维护旅游市场秩序，提高旅游服务水平，更好地满足广大人民不断变化与增长的旅游需求。在旅游协同促进武汉城市软实力提升的过程中，要建立健全法规与机制；要集中力量，联合执法；要规范执法行为，提高旅游监督管理的制度化、法制化和规范化水平；还要规范与约束武汉市出境旅游从业人员与游客的行为。法律的实施离不开全社会的同心协力，在加强旅游监管队伍建设的同时，还要加大宣传教育力度，提高依法旅游、经营旅游的自觉性，在全市营造贯彻实施《旅游法》的良好环境。

3. 继续推进旅游标准化创建

游客满意是旅游服务的最终目的。虽然满意没有标准，满意的最高境界是感动，但作为服务的最低要求，旅游服务仍要讲究标准。经过两年多的努力，2014 年 6 月，武汉市以参与创建试点单位数量、制定地方标准数量以及终期评分 3 项全国第一和综合效应全国最优的成绩被确定为全国旅游标准化示范城市。但比照国际标准，当前武汉市旅游业还存在基础设施相对滞后、服务体系不够健全等问题。因此，在旅游协同促进武汉城市软实力提升的过程中，武汉市要吸纳更多国际元素，尽快制定并符合自身城市发展现状与要求的国际旅游目的地标准。

4. 促进惠民措施常态化

2013 年国家旅游局推出的"游客为本，服务至诚"旅游行业核心价值观科学地回应了"旅游发展为了谁"、"旅游发展怎么做"等根本性问题，对我国旅游业持续健康快速发展有着重要的意义。世界因旅游更美丽，社会因旅游更和谐，生活因旅游更精彩，人们因旅游更幸福。既然旅游已经逐渐成为广大民众生活的必要方式之一，那么，旅游的惠民措施就不能仅仅是每年的某几个重要的节日，更不能带有"舞台色彩"。要真正实现旅游惠民，就必须将众多的惠民措施常态化、生活化。2013 年，武汉市在我国旅游日期间所举办的旅游文化节，以"畅游美丽江岸，驻足六国风情"为主题，给广大市民与游客呈现了一个更加美丽、精彩、和谐、幸福的居住、休憩、旅游目的地。在旅游协同促进武汉城市软实力提升的过程中，在进一步做好武汉市旅游年卡工作、创新惠民举措的基础上，还要针对外地游客、大学生、老年朋友等制定相应的优惠卡，切实降低旅游门槛，放大武汉旅游的"辐射效应"和"同城效应"，让旅游能惠及更多的外地游客与本地市民。

（三）跨界与融合：搭建武汉旅游业发展的合作平台

城市软实力的建设与提升，城市旅游业的发展都需要城市之间、城乡之间以及城市不同产业之间的通力合作才可能实现。在旅游协同促进武汉城市软实力提升的过程中要搭建旅游业发展的合作平台，实现旅游业发展的区域、城乡以及产业之间的合作与协同。

1. 用跨界思维促进区域合作与协同

随着区域经济一体化进程的加快，旅游交通大格局的形成以及城市间产业联系与经济合作的不断加强，打破区域封锁，促进区域合作开始成为业内的共识，区域旅游合作成为城市旅游业发展最为显著的趋势。目前，我国区域旅游合作表现出合作范围进一步扩大，合作强度进一步深化，合作内容更加丰富，合作主体更加明确的特征。由于区域旅游合作在城市旅游政策制定、产品开发、线路设计以及市场拓展中的实效性，城市正成为区域旅游合作的主要承担者。以城市为载体的旅游合作，其主体更加明确，层次更加丰富，内容更加全面，手段更加灵活，我国区域旅游合作进入了以城市为主体的集群发展阶段。湖北省暨武汉市 2013 "5·19 中国旅游日"是鄂、湘、赣、皖长江中游城市旅游合作的里程碑，四省四城共同掀开了"中三角"旅游一体化的新篇章。今后，中三角四省将以高铁网络、直飞航线和长江游船为载体，以跨省精品旅游产品为内容，共同培育旅游市场，共同促进区域旅游业的发展。顺应时代变革与产业发展的要求，武汉市要继续依托自身得天独厚的区位优势，扩大区域旅游合作范围，逐步推进联盟城市市民在旅游领域享受同等市民待遇，形成以武汉为中心的多层次、全方位的旅游合作体系。

2. 用统筹思维促进城乡合作与协同

区域整体性是美国著名学者刘易斯·芒富德在 20 世纪初提出的，他认为区域是一个整体，并强调要把区域作为规划分析的主要单元。对于城市发展而言，城市的整体性根源于城乡的协调发展。消除城乡二元结构，实现城市与乡村的融合是城市发展的必然归宿，也是和谐城市、宜居城市的必然形态。城乡的统筹与协同，不仅包括城市与环境的有机融合，更是人类与自然的和谐共生。在旅游协同促进城市软实力提升的过程中，武汉市要以旅游业的发展快速推进城市乡村发展及其城镇化的进程。在具体实施方面，主要是通过积极发展乡村旅游业，推动旅游统筹城乡发展战略的实施；通过科学规划、合理引导等手段促进武汉市农村产业结构优化，农民收入增加以及旅游与城市化的协调发展。

3. 用融合思维促进产业合作与协同

根据产业发展一般轨迹，往往在社会性分工细化过程之后，便是产业之间融合发展的过程。目前，旅游产业也正逐步走向"旅游房地产"、"旅游文化"、"旅游商业"等"泛旅游"的发展方向。旅游的"泛化"主要体现在"产业"和"空间"两个层面。从产业层面来看，"泛旅游"主要通过产业融合形成一个固有的以旅游为核心的商业模式；从空间层面来看，旅游的"泛化"则体现在为了既满足定居者的需要又满足旅游者的需要而出现的旅游小镇、旅游街区以及旅游社区等泛旅游现象。在旅游协同促进城市软实力提升的过程中，武汉市要特别重视旅游与工业、农业、服务业特别是文化产业的融合，建立"1+X"式大旅游产业体系。充分利用武汉市工业、农业、商贸业发达的优势，通过资源融合、产品融合、技术融合、市场融合等方式创新工业、农业、文化、生态、节庆等旅游业态，丰富旅游产业供应体系。充分发挥其他产业在融合发展中对旅游的支撑与保障作用，以文化提升旅游产业的内涵质量，增加旅游消费的附加值。当然，产业融合发展的影响是交互的，在融合中，武汉市旅游业的蓬勃发展也会促进其他产业的优化升级，促进文化的传承、创新和传播。

二 旅游基础发展策略

（一）推进旅游产业转型升级

武汉市必须站在城市整体发展和产业大调整的战略高度，通过推进产业要素调整和发展，实现产业间联动，拓展旅游产业的外延，进一步优化旅游产业体系。武汉市传统旅游产业要素已初具规模，但产业要素构成主要局限于景区（点）建设、饭店、旅行社等，新兴旅游产业业态与产业要素发展都滞后于武汉市旅游目的地建设。今后，武汉市要加快旅游业与文化、工业、农业、地产以及其他相关产业的融合发展，加快产业结构优化升级的步伐，持续大力推进相关产业的改革与创新，营造有利于旅游业持续快速发展的社会环境。

（二）提升旅游业要素发展水平

在旅游协同促进城市软实力提升的过程中，武汉市要从以下四个方面来进一步提升旅游业要素的发展水平。第一，转变旅行社发展方式。引导并帮助旅行社尽快建立现代企业制度，完善导游准入与管理体制，鼓励旅行社创新旅游产品和线路，加快推进诚信体系建设，充分发挥行业协会的作用。第二，优化武汉市饭店质量。在引入威斯汀、洲际、万豪等国际顶级饭店品牌的同时，积极培育武汉本土化国际饭店品牌，学习和借鉴品牌饭店先进的管理经验，通过对旅游饭店投资类型、结构和档次的优化来满足旅游者不断变化的需求。第三，推动景区转型升级。借鉴国外成功经验和国际标准，结合武汉实际情况，大力推进武汉市基础与相关配套设施建设，全面推进武汉各大旅游景区的标准化；进一步丰富旅游景区的人文内涵，促进景区从观光产品向观光、度假精品转型，实现武汉市旅游休闲层次与品位的提高。第四，打造特色旅游商品体系。建立以旅游者需求为导向、旅游业与商贸业联动发展，集产供销为一体的运作机制；加强武汉旅游购物的开发和经营，丰富旅游商品的种类和类型；打造一批具有浓郁荆楚文化、汉文化特色，在国内外市场有竞争力的旅游纪念品、土特产品和工艺品。

（三）推动旅游产业集群化发展

旅游产业集群是一种能提升城市竞争力与综合实力的产业组织方式，具有促进城市整体创新，实现企业动态合作和打造旅游知名品牌的优势。虽然武汉市在旅游产业集群发展所需的要素条件、需求状况、机遇上都有明显的优势，但实现旅游产业的集群演进和良好发展，单纯依靠市场机制的作用是不现实的，还必须充分发挥政府对旅游产业的引导与扶持作用来实现对多方资源的有效整合。在培育产业集群，提高产业竞争力的过程中，武汉市应在市场运作的基础上，充分利用现有政策，不断改进旅游企业粗放型的经营方式，鼓励旅游集团跨地区、跨行业发展，形成由大型企业主导旅游市场的格局。通过提高产业要素的配置效率，建成具备资本优势、市场营销优势、风险扩散优势和成本优势的产业组织体系，进一步提高武汉旅游业的竞争力。

三 旅游资源开发策略

（一）开发与保护：提升武汉旅游发展的自然魅力

党的十八大强调要大力推进生态文明建设，"生态文明，美丽中国"，对于我国旅游业发展既是机遇也是挑战。城市旅游业的发展必须立足于旅游资源的保护与可持续发展良性机制的建立。武汉市旅游资源的开发与保护主要包括城市自然资源、生态环境和历史文物、个性风貌的开发与保护两个方面。2013 年，武汉市划出了被称为"铁线"的都市发展基本生态控制线。为了防止"摊大饼"式无序发展，守住城市生态底线，在自然与环境保护方面，武汉市要通过有计划的开发与破坏处罚相结合，加强城市环境治理，逐个消灭各种污染源，来实现整座城市环境的保护与美化。为了树立起"大江大湖大武汉"的良好形象，武汉市的江滩、沙湖、东湖都得到了不同程度的美化，然而，目前武汉市湖泊的治理与保护仍任重道远。看看曾经湖水清澈、鱼儿欢畅的南湖，如今早已是臭气熏天、垃圾遍地，更可气的是，不知什么时候，南湖硬是让人拦腰折断，边上更是矗立起了帆船样的楼宇，可悲可叹！

（二）传承与创新：提升武汉旅游发展的文化魅力

城市的历史是城市之根，城市的文化是城市之魂，对城市未来的发展影响重大。在城市转型与更新过程中，应当尊重城市的历史与文化，将城市传统与现代元素加以有效整合。与其他方式相比，旅游在承载与传播城市文化方面最为直接且最具生动性，旅游业是挖掘、传承与创新城市文化，激活城市活力的重要途径。武汉市在传承与创新城市文化的过程中，要处理好城市文化的保护与利用、城市文化的破旧与创新之间的关系，通过规划控制、市场监管、社会监督等多种手段来规范和监督城市文化开发的过程，确保武汉市城市文化的旅游表达符合城市文化传播的规律，切实满足广大市民与游客在价值认同、心理归属以及情感依恋等方面的真实需求。"东湖暂让西湖好，今后定比西湖强"——这是 1954 年朱德总司令游览东湖后对武汉东湖的发展所寄予的美好期待与情感表达。东湖不逊西湖，可论名气、品牌东湖却相去甚远。冷静思考之后，发现东湖在打造"国际休闲度假旅游目的地"的过程中，确实更应深入挖掘其深厚的文化内涵。东湖不缺文化，屈原曾在东湖"泽畔行吟"，楚庄王在东湖击鼓督战，刘备在东湖磨山设坛祭天，李白在东湖放鹰题诗，毛泽东在东湖长住并接见 40 多个国家的政要。东湖在打造"国际范"的过程中，在举办端午文化节、国际名校赛艇赛等活动，做足水文章的同时，还必须通过自主开发楚文化，开展楚城开城仪式、楚市民俗文化、编钟乐舞等活动让游客亲身感受古楚国的强盛与繁华，突出武汉本土文化，彰显武汉城市特色。

（三）教育与内化：提升武汉旅游发展的人口魅力

在旅游协同促进城市软实力提升的过程中，武汉市人口素质的提高主要应从城市居民文明教育、城市旅游从业人员素质培养、城市生活环境改善三个方面来着手。首先，从本源入手提升市民整体素质。在大众休闲旅游时代，每一个武汉人都是武汉城市的形象使者，都是武汉形象的展示者和传播者。如果要彻底改变武汉市民与武汉游客在外界民众心中的不良形象，培育武汉人民良好的生产、生活与旅游习惯，就必须跃出旅游这一产业界限，从市民的角度，全社会齐抓共管，从本质上内化、优化与提高全市公民的涵养，这才是城市发展与复兴的根本之策。其次，加大对旅游从业人员素质培养。旅游从业人员的道德素养对旅游服务质量和游客满意度的影响是无形的，"游客为本，服务至诚"是每一位旅游从业人员都应该切实具备的职业素养。在旅游协同促进城市软实力提升的过程中，武汉市要抓好旅游人才的培养、引进与管理工作；加大对出境旅游服务人员的职业培训力度。最后，全面改善武汉城市环境。在某种程度上，满地垃圾、污水横流的城市环境是对游客与市民不良行为的展现与默认，而如若置身于一个十分干净的场所，人们却很可能会因自己乱扔垃圾的行为感到不好意思继而克制住这种不良行为。武汉市政府要加快经济社会发展，努力改善人民的生活环境。充分利用公交、轮船、的士等交通工具和护照申领窗口，对广大市民与游客进行文明教育和引导，做好对游客的提醒，用良好的服务建立起政府、居民、导游以及游客之间的信任，以美好、和谐的环境去影响每一个人的行为；政府公职人员更应该通过对法律与道德的坚守，充分体现出自身良好的素质与修养，争做城市的表率；武汉市的各大媒体应通过广泛报道和讨论来倡导文明，鞭笞不文明现象，在全市营造文明光荣的氛围。

（四）统筹与保障：提升武汉旅游发展的社会魅力

城市社会和谐是城市政治、经济、社会与环境等多个方面的共同和谐，既表现为城市各个阶层、各组成部分与要素之间的相互协调，也表现为城市居民的安居乐业和城市游客的悠闲自在以及对城市的流连忘返。城市和谐是城市社会活动开展、城市居民生活、城市企业经营、城市游客满意的基础和前提。针对武汉市社会和谐构成中的诸多不利因素，相关部门应积极做好以下三个方面的工作。首先，提高政府执政能力与办事效率。武汉市各级政府要重新认真审视目前国家、城市、产业发展所面临的复杂环境，认真分析武汉旅游业发展与城市建设过程中所具有的优势与劣势，在深入调查研究的基础上制定并执行相关发展与扶持政策，为旅游协同促进武汉城市软实力建设提供必要的制度保障。各基层党组织要改变官僚主义的工作作风和奢侈浪费的生活习惯。在窗口服务方面，要加大对公职人员职业技能特别是职业素养的培训，大力宣传"以人为本、创建为民、与民共享"的文明城市创建理念。建立公职人员"红黑名单"制度，严格公职人员的考核与奖惩，最大限度地缓和政府与民众之间的矛盾，逐步赢得人民对政府的支持与信任。其次，加强武汉城市安全保卫工作。武汉市是"宜居"的，也是"宜游"的，武汉和谐城市的构建必须同时考虑到武汉市民与外来游客对城市安全的共同需求。城市安全、祥和是城市居民生存与生活的基本需求与保障，对于旅游者而言，安全也是第一位的，安全是旅游的生命线。目前，武汉市城市安全保卫工作形势严峻。一方面，武汉路网发达、交通便利、人口密集，与其他城市之间的人流、物流、信息流、资金流急剧增加，整座城市的关联性、流动性、开放性大大增强，虚拟社会与现实社会的互动更为密切，复杂的内外环境进一步加大了确保武汉城市安全的难度；另一方面，随着武汉城市的膨胀式发展，人们对城市的预期普遍提高，分享城市发展成果的要求也明显增强，各种矛盾纠纷不断增多且错综复杂，社会矛盾突发性、关联性和敏感性的不断增强且教育疏导难度的日益加大对城市统筹协调各方利益、防止不和谐问题的发生提出了更高要求。在旅游协同促进城市软实力提升的过程中，武汉市政府要统筹公安、城管、环保、国土、劳动、社会保障等部门，真正落实对城市矛盾的疏导与化解，对市场经济安全的保卫，对生态危机的预防处置以及公共环境综合治理工作，为广大市民与游客营造一个安全、祥和的生产、生活、旅游环境。最后，扩大社会保障覆盖面。伴随着武汉城市化进程的加快和城市的快速发展，武汉市劳动就业、收入分配、教育卫生、居民住房等关系群众切身利益的问题日益增多；城乡、区域经济社会发展中的不平衡现象日益凸显；农民持续增收与农业稳定发展的难度也日益加大。据《武汉市统计年鉴（2014）》相关数据显示，2012 年，武汉市有 266.18 万农业人口，2013 年，武汉市农业人口增加了 1.18 万人。2013 年，武汉城市居民人均可支配收入达 29821.22元，人均消费支出 20157.32 元；而农村居民人均纯收入仅有12713.46 元，人均消费支出为 9127.00 元。在旅游协同促进城市软实力提升的过程中，武汉市要更加关注农村经济、社会的发展，加大乡村旅游的发展力度；以更大的决心、更好的政策、更多的资金来解决城市发展中呈现的就业困难、贫富差距悬殊、教育与医疗分配不均等突出社会问题。通过扩大社会保障覆盖面，来逐步构建城市的社会和谐。

四　旅游传播效应策略

（一）实施出奇制胜的个性化策略

个性即个体最显著的特点。不同城市也具有不同的个性。北京的大气、杭州的婉约、苏州的精致、重庆的火爆、西安的古朴都是其城市个性的鲜明表达。武汉市旅游业发展有自身特定的目标市场和目标群体，但是在城市建设和城市旅游发展竞争日趋激烈的当下，要想在众多竞争者中脱颖而出并彰显武汉优势，就必须在城市旅游的发展过程中选择出奇制胜的个性化策略。首先，要实现旅游传播内容的个性化。"内容的个性化"是旅游协同促进武汉城市软实力传播最核心的要求。一座城市，只有突出特色才有知名度，才具有集聚人才的凝聚力和吸引资金、技术的竞争力。吃在广州、玩在杭州、买在上海、拼在北京、爱在海口、悟在西安、奇在拉萨、火在重庆所涉及的城市元素其实就属于传播的"个性资源"。高度概括并提炼城市的特点，是上述城市得以脱颖而出的法宝，"中国十大特色城市"的荣誉称号更是极大地提高了这些城市的知名度、美誉度和吸引力。武汉市在城市旅游营销与推介中，要深入挖掘城市旅游资源的文化内涵与个性特点，围绕"敢为人先、追求卓越"的武汉精神和"大江大湖大武汉"的城市品牌，认真做好武汉市的旅游规划和宣传推广工作。其次，要实现旅游传播方式的个性化。1999 年，威海因率先在央视打出国内第一则城市广告而一夜成名。威海的成功，离不开传播方式的个性化。几年后，威海又抢先推出 DM 广告，将其城市的个性与特点直接传递给千家万户。城市的个性与特色毕竟是有限的，武汉市在突出城市特色的同时，还必须在旅游协同城市软实力传播的渠道与具体方式上下功夫，用个性化的传播方式来彰显武汉市的城市特色与旅游吸引力。最后，要实现旅游传播过程的个性化。在旅游协同促进武汉城市软实力传播的过程中，除了要在传播内容、传播方式上突出城市的个性与特色，还要在传播过程即表现手法上做文章。彰显武汉城市特色的传播过程，其实就是对城市特色传播的表现手法进行不断创意的过程。湖北省是教育大省，而湖北省的核心教育资源与人才资源都集中在武汉，武汉市要充分发挥自身丰富的人才资源来创新旅游协同促进城市软实力传播的表现手法，突出城市的个性与特色，提高城市的知名度。

（二）实施典型示范的品牌策略

品牌是一种名称、标志、符号或者这些因素的组合，传统营销视角下，品牌策略已非常成熟。作为一种特殊的商品，城市也可以拥有自身的品牌，像杭州——天堂、哈尔滨——冰城、昆明——春城、香港——动感之都等。除了是城市的名称之外，城市品牌更是城市地理环境、历史文化等元素被社会广泛认可的典型称谓，其对城市的发展有积极的作用。这种积极作用体现为城市的凝聚力、吸引力以及影响力。良好的城市品牌能够凝聚力量，激发城市居民对城市的自豪感和归属感。上海作为我国最大的城市和金融、商业中心，其市民的自豪感通过"阿拉上海人"这句话就得到了充分的显现。好的城市品牌，是一个巨大的磁场，可以激起外部投资者、旅游者对城市的无限向往。深圳开放、创新、包容的城市个性与品牌，正以其强大的力量吸引着人才、资金、信息、技术等要素的集聚。辐射力是城市对外扩散的能力。品牌认同度越高，城市得以传播的概率就越大，被公众知晓并得到认同的概率也就越大。城市品牌和城市知名度是紧密相连的。城市品牌作用的"三力"与城市软实力表现层的"吸引力、说服力、影响力"是完全契合的。因此，武汉市城市品牌的树立和塑造过程，本身就是武汉城市软实力资源整合与传播的过程，在旅游协同促进武汉城市软实力建设与提升的过程中，要实施典型示范的品牌策略，并且要注意品牌塑造与传播的清晰性和长期性。

（三）实施潜移默化的植入式策略

植入式营销是指将产品及其符号策略性地融入各种影视节目之中，通过场景再现使产品或者品牌在受众心中留下深刻的印象来实现既定营销目标的营销方式。植入式营销把握了整合营销的精髓，尽可能地抓住并创造顾客接触、了解产品的每一个潜在机会，悄无声息而又潜移默化地表达和传递广告主的诉求。目前，植入性营销在电影、电视、网络、游戏甚至相声、小说中都得到了相当广泛的运用。城市旅游营销中，植入式传播"润物细无声"、"潜移默化"的传播特点可以进一步放大城市软实力的传播效果。电影《疯狂的石头》就是在旅游协同促进城市软实力传播中成功运用"植入式"策略的一个经典案例。在《疯狂的石头》走红全国的同时剧中人物的重庆本地方言、过江索道、朝天门码头、重庆美女、火锅等频频出现的重庆标志，着实让观众感受到了重庆闲适、平等、自由的市民化生活气息。《疯狂的石头》在全国的公映，"疯狂的石头：重庆二日游"旅游线路的推出，掀起了重庆旅游的高潮。同样成功的例子还有武汉。影片《生活秀》以武汉吉庆街为背景展开叙事，用武汉人熟悉的鸭脖子、竹床、乘凉为观众演绎出了武汉独特的夏日风情，武汉的吉庆街和鸭脖子也因此而名闻天下。植入式营销大致可以分为场景植入、情节植入、对白植入和形象植入四种类别，在旅游协同城市软实力传播方面，较为合适的是场景植入和情节植入。在将植入式策略运用到武汉城市旅游营销的过程中，要精心构思植入的内容，恰当选择植入的媒介，将最能代表武汉城市特色的元素悄无声息、恰如其分地传递给广大的目标受众。

无论是哪一种策略，其根本目标都是为了通过旅游业的发展将武汉丰富且美好的城市软实力资源充分地表达并传递给城市内外部公众，增加内外部民众对城市的了解、认知与认同，逐步建立起武汉城市的吸引力、感召力和影响力，实现城市旅游与城市软实力共同发展的目标。因此，在旅游协同促进武汉城市软实力传播的过程中，要综合运用官方与民间两种传播渠道，灵活运用个性化策略、典型示范策略、植入式策略做好接触点管理，最终实现旅游协同促进武汉城市软实力传播效应的最大化。

本章小结

前文对旅游与城市软实力内在契合性，旅游对城市软实力提升的"保障"、"建设"、"传播"协同作用进行了深入分析；并对旅游协同促进城市软实力进行了评价分析。在此基础上，本章对武汉旅游业发展与城市软实力现状进行了客观的分析，分析结果表明：武汉市旅游资源与城市软实力资源都很丰富，武汉市也具备发展旅游业和建设城市软实力的条件，但是与其他同类城市相比，武汉市旅游业发展、武汉市旅游的知名度、美誉度、城市居民的凝聚力以及对外部公众的吸引力、影响力均存在不同程度的欠缺。针对武汉市"丰富的旅游与城市软实力资源"和"较弱的旅游协同促进下城市软实力构建效果"之间的矛盾，在深入分析旅游协同促进武汉城市软实力提升的优势、劣势、机遇与挑战的基础上，本章从"平台搭建"、"基础建设"、"资源开发"、"传播效应"四个方面提出了旅游协同促进武汉城市软实力提升的策略建议。

第九章　研究结论与展望

一　研究结论

本书遵循"提出问题—分析问题—解决问题"的研究思路，以构建旅游协同促进城市软实力提升的理论框架和实证研究为目标，在大量文献收集、阅读、整理和深入分析的基础上系统研究了城市旅游业发展与城市软实力提升之间的内在契合性，旅游对城市软实力提升的协同作用机理，并在理论研究的基础上，对旅游协同促进城市软实力提升展开了实证研究，得出城市旅游业发展与城市软实力建设在"目标"、"基础"、"要素"与"媒介"上存在高度的内在契合性；城市软实力的提升是城市经济基础、软实力资源魅力与软实力传播效应的有机结合；旅游在城市软实力提升中具有"基础保障"、"资源建设"和"媒介传播"三重属性；城市软实力提升中的"旅游"策略应以"平台搭建"、"基础建设"、"资源开发"以及"传播效应"四个方面为抓手等结论。

第一，城市旅游业发展与城市软实力建设在"目标"、"基础"、"要素"与"媒介"上存在高度的内在契合性。现有"旅游与城市发展关系"的相关研究呈现如下两个特点：其一，有关"城市发展对旅游业的影响"的研究较多，而"旅游对城市发展的影响"的研究成果却较少；其二，在"旅游对城市发展的影响"方面，存量研究成果多侧重于旅游业发展对城市某一方面特别是城市经济的影响，而旅游业发展对城市社会、文化以及环境的影响研究却没有得到应有的重视。事实上，城市旅游发展与城市本体发展之间是一个互动的过程，在发展过程中，两者的影响是双向的；旅游产业的独特属性与城市系统的复杂性共同决定了旅游产业发展对城市建设的综合影响。为了能够更好地了解城市旅游与城市发展的协调状态，更好地服务于城市旅游发展与城市建设，在现有研究成果的基础上，本书从"目标"、"基础"、"要素"、"媒介"四个方面深入探讨了旅游业发展与城市软实力建设之间的内在联系。得出旅游业发展与城市软实力建设以"更加繁荣的经济、更加优秀的文化、更加美好的环境特别是人民更加美好的生活"作为共同的发展目标；以城市硬实力、城市基础设施等作为共同的发展基础；以"自然环境、文化资源、人口素质以及社会和谐"作为共同的要素支撑；通过官方与民间传播渠道、以多种传播方式共同实现各自的传播效果。综上所述，在发展城市旅游业、提升城市软实力的过程中，要认真考量两者之间的内在契合性，充分发挥相互之间的协同促进作用。

第二，城市软实力的提升是城市经济基础、软实力资源魅力与软实力传播效应的有机结合。虽然目前有关软实力的内涵与外延、构成要素、评价体系仍没有公认的定论，但在软实力相关研究中，学者们一致认为"软实力资源"代表了一个国家具有的可以转化为现实软实力的要素，"软实力资源"丰富的国家不一定就具备强大的软实力，关键还要看能否对国家软实力资源进行有效的转化。"软实力建构效果"则是现实的软实力。在软实力理论中，学者们还提出，国家实力包括"硬实力"与"软实力"两个部分，其中硬实力是软实力的基础；软实力具有相对独立性，软实力的强弱也会对国家硬实力建设起到促进或阻碍作用。从城市软实力理论的演进历程来看，城市软实力理论起源于软实力理论与城市竞争力理论。本书在现有研究成果的基础上，结合城市软实力与国家软实力的共同属性特别是城市区别于国家的独特属性，提出了"城市软实力的提升是城市经济基础、软实力资源魅力与软实力传播效应的有机结合"这一结论。一方面，城市综合实力包括城市硬实力与城市软实力两个部分，城市硬实力的提高并不必然带来城市软实力同等水平的提高，城市软实力的建设必须以城市硬实力作为坚实的基础；另一方面，城市软实力资源也不等同于城市现实的软实力效果，城市软实力的提高，还必须对城市软实力资源加以有效利用、传播和转化。

第三，旅游在城市软实力提升中具有"基础保障"、"要素建设"和"媒介传播"三重属性。城市旅游业发展与城市软实力建设之间存在着相互促进、相互制约的关系。旅游与城市软实力在"终极目标"上存在内在契合性；旅游产业与城市软实力在"发展基础"、"构成要素"、"传播效应"上都存在内在契合性。城市旅游业发展为城市软实力建设提供"制度"、"财力"和"环境"保障；城市旅游业发展促进城市自然环境的美化、城市文化的传承与创新、城市人口素质的提高、城市社会的和谐；城市旅游通过官方和民间两种传播渠道，以政府旅游推介、城市重大节事活动、旅游者旅游活动、企业涉旅活动等多种方式实现对城市软实力资源的对内对外传播。总之，旅游以其经济性、文化性、社会性、关联性、立体性、灵活性等多重属性在城市软实力提升中发挥着"夯实基础"、"整合资源"和"扩大传播"的作用。

第四，旅游协同促进武汉城市软实力提升过程中应以"平台搭建"、"基础建设"、"资源开发"以及"传播效应"四个方面为抓手。无论是城市旅游业发展还是城市软实力建设都是相当复杂的系统工程。以旅游为出发点，全面提升武汉的城市软实力也不可能一蹴而就，需要政府与全体市民的齐心协力，需要长时间的艰苦奋斗才可能实现。在旅游协同促进武汉城市软实力提升的过程中，要遵循旅游业发展和城市建设的规律，立足武汉旅游业发展和城市软实力建设现状，搭建好旅游业发展的"战略"、"管理"与"合作"平台；夯实旅游业发展的"制度"、"财力"与"环境"等保障基础；促进武汉自然环境的美化、文化资源的保护与创新、人口素质的提高和社会状态的和谐；充分运用出奇制胜的个性化策略、典型示范的品牌策略以及潜移默化的植入式策略来实现对城市软实力的对内对外传播。总之，旅游协同促进武汉城市软实力提升的"平台搭建"、"基础建设"、"资源开发"以及"传播效应"策略是一个有机整体，共同作用于武汉城市软实力建设的提升，不可偏废。

二 后续研究展望

本书仅仅是从"旅游"的视角，对"城市软实力建设"这一宏大命题做了一点小小的探索与努力。今后的研究还需要从不同的角度、不同的方面，运用不同的方法加以补充和完善。

第一，进一步深化对"城市软实力"理论的研究。理论研究是实证研究的基础。虽然国内外学者在"软实力"与"城市竞争力"理论相关研究方面已经取得了丰硕的成果;"城市软实力"这一客观事物在全世界各个城市中都以其特有的方式实实在在地存在着,但"城市软实力"概念毕竟是"软实力"概念"中国化"的产物,国外"城市软实力"的相关理论研究较少,国内相关研究也更多的是将"软实力"的诸多理论"映射"到了"城市软实力"这一概念上。理论研究的不足和实践指导的需要也迫切要求进一步深化对"城市软实力"概念的内涵与外延、城市软实力的构成要素、生成机理、评价指标体系等相关理论的研究。

第二,进一步拓宽对"城市软实力"对象的研究。"城市"是一个非常复杂的概念。从行政级别来看,我国城市可分为省级直辖市、副省级省会城市和计划单列市、地级市、县级市。城市的行政级别直接影响着城市对信息、资源、人才的集聚和辐射能力,决定着城市制定和运用政策的自主程度,也在很大程度上代表着城市的规模和发展水平。从更大范围来看,城市软实力是城市综合竞争力的一部分,竞争力是一个相比较而存在的概念,把不同规模和发展水平的城市放到一起来比较,本身就是不科学的;在城市软实力研究中,仅仅根据行政级别来筛选城市样本也欠妥当。发达地区的昆山、义乌等城市尽管只处于我国城市体系中的末端——县级市,但这些城市的综合实力和社会影响力却远远大于中西部甚至沿海地区的大部分地级市。最主要的是,旅游对不同类别、不同发展水平的城市的软实力建设的作用方式与效果也大不相同。深入分析不同区域、不同规模、不同级别的城市及其城市软实力的特点,探讨旅游对这些城市软实力建设影响的大小和作用方式并提出有针对性、可操作性的旅游协同促进城市软实力建设路径都是后续研究的重点。

第三,进一步优化"城市软实力"的研究方法。单个研究者在研究的范式、方法、精力上都是有限的。在后续研究中,应该注重团队合作,进一步优化"城市软实力"的研究方法。在综合运用不同学科、不同方法对"城市软实力"进行研究的同时,还要收集更多的时间序列数据,勾勒出城市软实力的动态成长曲线,以及各种软实力资源要素和中介变量对软实力建构效果影响程度的动态变化情况。尽管本书也注意了数据的连续性，但由于受资料、时间和能力所限，没有采用更长的时间序列。在后续研究中，应该用至少五年以上的时间序列数据对旅游与城市软实力的耦合模型做动态研究，以更好地验证模型的稳定性，更加真实与深入地揭示城市软实力建设和旅游协同城市软实力提升的变化规律，通过模型及其呈现的规律来预测未来的发展趋势。

参考文献

[1] 杰克逊编：《休闲与生活质量》，刘慧梅等译，浙江大学出版社 2009 年版。

[2] 奥斯特洛姆、C. M. 蒂伯特、R. 瓦伦：《大城市地区的政府组织》，转引自 M. 麦金尼斯主编《多中心体制与地方公共经济》，上海三联书店 2000 年版。

[3] 斯蒂格利茨：《政府为什么干预经济》，中国物资出版社 1998 年版。

[4] 《西部开发旅游发展战略》课题组：《西部开发旅游发展战略》，中国旅游出版社 2002 年版。

[5] D. J. 沃姆斯利、G. J. 刘易斯：《行为地理学导论》，陕西人民出版社 1988 年版。

[6] W. 舒尔茨：《制度与人的经济价值的不断提高》，载《财产权利与制度变迁》，上海人民出版社 2000 年版。

[7] 阿什利·泰利斯：《国家实力评估：资源、绩效、军事能力》，新华出版社 2002 年版。

[8] 埃利诺·奥斯特罗姆：《公共事物的治理之道》，生活·读书·新知三联书店出版社 2000 年版。

[9] 艾尔·巴比：《社会研究方法》，华夏出版社 2005 年版。

[10] 安德斯·汉森等：《大众传播研究方法》，新华出版社 2004 年版。

[11] 白鸥：《城市旅游集散中心发展对策研究》，《昆明大学学报》2007 年第 18 期。

[12] 白珽斌、Geoffrey Wall：《旅游与发展：一个分析框架的形成与演变》，《旅游学刊》2010 年第 4 期。

［13］保继刚、张骁鸣：《1978 年以来中国旅游地理学的检讨与反思》，《地理学报》2004 年第 59 期（增刊）。

［14］保继刚：《城市旅游：原理·案例》，南开大学出版社 2005 年版。

［15］保继刚：《从理想主义、现实主义到理想主义理性回归》，《地理学报》2009 年第 10 期。

［16］保继刚：《广东城市海外旅游发展动力因子量化分析》，《旅游学刊》2002 年第 1 期。

［17］保罗·萨缪尔森、威廉·诺德豪斯：《经济学》，北京经济学院出版社 1996 年版。

［18］北京市旅游局：《北京旅游产业发展研究》（2008 年度），中国旅游出版社 2010 年版。

［19］贝茨吉尔、陈正良、罗维：《中国软实力资源及其局限》，《国外理论动态》2007 年第 11 期。

［20］贝塔朗菲：《一般系统论基础、发展和应用》，清华大学出版社 1987 年版。

［21］贝勇斌：《基于场所依赖视角的城市文化旅游成长研究》，硕士学位论文，杭州工商大学，2008 年。

［22］毕燕、袁东超：《广西旅游目的地竞争力评价及优化研究》，《商业研究》2011 年第 8 期。

［23］曹金焰：《城市形象宣传中的品牌传播研究》，硕士学位论文，苏州大学，2005 年。

［24］曹宁、郭舒：《城市旅游竞争力研究的理论与方法》，《社会科学家》2004 年第 3 期。

［25］曹晓霞：《论新闻媒体在提升国家软实力中的作用》，《今传媒》2008 年第 9 期。

［26］陈昌盛、蔡跃洲：《中国政府公共服务：体制变迁与地区综合评估》，中国社会科学出版社 2007 年版。

［27］陈丹红、赵榕：《辽宁省旅游公共服务的系统构建与保障机制研究》，《沈阳航空工业学院学报》2010 年第 6 期。

［28］陈建芬：《聚焦广州治安博弈：失业失地急剧扩大社会犯罪》，

《小康》2006 年第 29 期。

[29] 陈建勤：《2010 年上海世博会旅游设施配置对策》，《上海大学学报》（社会科学版）2003 年第 6 期。

[30] 陈眉舞、张京祥：《基于城市竞争力提高的旅游业发展研究——以苏州为例》，《地域研究与开发》2004 年第 5 期。

[31] 陈永正：《文化旅游的产业属性及其发展战略——以成都市为例》，《郑州航空工业管理学院学报》2007 年第 1 期。

[32] 陈振明：《竞争性政府——市场机制与工商管理技术在公共部门管理中的应用》，中国人民大学出版社 2006 年版。

[33] 陈志、杨拉克：《城市软实力》，广东人民出版社 2008 年版。

[34] 陈志刚：《基于旅游综合竞争力的旅游城市空间竞争研究》，硕士学位论文，南京师范大学，2004 年。

[35] 程曼丽：《论我国软实力提升中的大众传播策略》，《对外大传播》2006 年第 10 期。

[36] 程拓：《内外资酒店集团鏖战中端市场》，《北京商报》2014 年 5 月 8 日第 A10 版。

[37] 崔峰、包娟：《浙江省旅游产业关联与产业波及效应分析》，《旅游学刊》2010 年第 3 期。

[38] 崔凤军：《城市旅游的发展与实践》，中国旅游出版社 2006 年版。

[39] 戴斌：《从"旅行社业务"走向"广义旅行服务"——2013 年中国旅行社产业评论》，《中国旅游报》2014 年 1 月 27 日第 11 版。

[40] 戴业炼、陈宏愚：《软实力研究评述》，《科技进步与对策》2006 年第 11 期。

[41] 丁学东：《文献计量学基础》，北京大学出版社 1993 年版。

[42] 窦文章、杨开忠、杨新军：《区域旅游竞争研究进展》，《人文地理》2000 年第 3 期。

[43] 段鹏：《国家形象建构中的传播策略》，中国传媒大学出版社 2007 年版。

[44] 菲利普·科特勒：《地方营销：城市、区域和国家如何吸引投

资、产业和旅游》，上海财经大学出版社 2008 年版。

[45] 冯年华、严伟、汤澍等：《区域旅游竞争合作理论及实践》，上海交通大学出版社 2009 年版。

[46] 冯学钢、沈虹、胡小纯：《中国旅游目的地竞争力评价及实证研究》，《华东师范大学学报》（哲学社会科学版）2009 年第 5 期。

[47] 高峻：《中国城市旅游发展报告》，中国旅游出版社 2009 年版。

[48] 高栓成、石培基：《我国旅游景区管理体制改革的战略思考》，《中国商贸》2010 年第 6 期。

[49] 龚娜、罗芳洲：《"城市软实力"综合评价指标体系的构建及其评价方法》，《沈阳教育学院学报》2008 年第 6 期。

[50] 龚伟：《国内城市旅游驱动机制研究综述》，《桂林旅游高等专科学校学报》2006 年第 3 期。

[51] 巩劼、陆林：《旅游环境影响研究进展与启示》，《自然资源学报》2007 年第 4 期。

[52] 郭秀云：《灰色关联法在区域竞争力评价中的应用》，《统计与决策》2004 年第 11 期。

[53] 国家旅游局：《2013 年中国旅游业统计公报》，http：//www. cnta. gov. cn/html/2014 - 9/2014 - 9 - 24 - % 7B@ hur% 7D - 47 - 90095. html。

[54] 国家旅游局：《中国旅游统计年鉴（2011）》，中国旅游出版社 2011 年版。

[55] 国家旅游局：《中国旅游统计年鉴（2012）》，中国旅游出版社 2012 年版。

[56] 国家旅游局：《中国旅游统计年鉴（2013）》，中国旅游出版社 2013 年版。

[57] 国家旅游局：《中国旅游统计年鉴（2014）》，中国旅游出版社 2014 年版。

[58] 国家旅游局规划财务司：《中国旅游景区发展报告（2011）》，中国旅游出版社 2012 年版。

[59] 国家旅游局规划财务司：《中国旅游景区发展报告（2012）》，

中国旅游出版社 2013 年版。

[60] 国家统计局：《中国城市统计年鉴（2013）》，中国统计出版社 2014 年版。

[61] 国家统计局：《中国环境统计年鉴（2013）》，中国统计出版社 2014 年版。

[62] 国家统计局：《中国统计年鉴（2013）》，中国统计出版社 2014 年版。

[63] 海德格尔：《海德格尔选集》（上），上海三联书店 1996 年版。

[64] 侯杰泰等：《结构方程模型及其应用》，教育科学出版社 2004 年版。

[65] 侯景新、尹卫红：《区域经济分析方法》，商务印书馆 2005 年版。

[66] 胡健：《中国软力量：要素、资源、能力》，载上海社会科学院世界经济与政治研究院《国际体系与中国的软力量》，时事出版社 2006 年版。

[67] 黄先开：《中国旅游经济结构研究》，中国经济出版社 2013 年版。

[68] 黄钟浩、方旭红、张宁、张镒：《生态旅游目的地竞争力评价指标体系研究》，《重庆师范大学学报》（自然科学版）2011 年第 2 期。

[69] 金准：《我国现阶段城市化对城市旅游的影响》，经济管理出版社 2012 年版。

[70] 柯惠新、沈浩：《调查研究中的统计分析法》，中国传媒大学出版社 2005 年版。

[71] 匡纯清：《论城市文化"软实力"》，《湖南工业大学学报》（社会科学版）2008 年第 4 期。

[72] 黎洁、赵西萍：《论国际旅游竞争力及其阶段性演进》，《社会科学家》1999 年第 5 期。

[73] 黎洁：《旅游环境管理研究》，南开大学出版社 2006 年版。

[74] 李朝军、郑淼主编：《旅游文化学》，东北财经大学出版社 2011 年版。

［75］李国征：《并购整合趋势下的经济型酒店创新经营模式研究》，《商业经济》2013 年第 1 期。

［76］李洪鹏、高蕴华、赵旭伟：《数字景区转型智慧景区的探索》，《智能建筑与城市信息》2011 年第 7 期。

［77］李江帆、李冠霖等：《旅游业的产业关联和产业波及分析——以广东为例》，《旅游学刊》2001 年第 3 期。

［78］李沛良：《社会研究的统计应用》，社会科学文献出版社 2002 年版。

［79］李晓云：《中原城市群"无景点旅游"发展对策分析》，《中国旅游报》2012 年 1 月 16 日。

［80］李永强：《城市竞争力评价的结构方程模型研究》，西南财经大学出版社 2006 年版。

［81］里基·泰里夫：《战略环境评价实践》，化学工业出版社 2005 年版。

［82］林琳、于伟、陈烈：《基于城市竞争力分析的城市定位——以青岛市为例》，《经济地理》2007 年第 5 期。

［83］凌亢：《中国城市可持续发展评价理论与实践》，中国财政经济出版社 2000 年版。

［84］刘德斌：《"软权力"说的由来与发展》，《吉林大学社会科学学报》2004 年第 4 期。

［85］刘圣珍：《转方式调结构，推动区域经济科学发展》，《青岛农业大学学报》（社会科学版）2010 年第 2 期。

［86］刘卫东：《越来越硬的软实力》，《新广角》2004 年第 9 期。

［87］刘彦平：《城市营销策略》，中国人民大学出版社 2005 年版。

［88］刘毓航：《荣格人格理论的德育意蕴》，《教育前沿》2007 年第 8 期。

［89］刘住、张帆：《形象驱动——城市旅游的新趋势》，《旅游科学》1999 年第 3 期。

［90］楼嘉军、徐爱萍：《上海城市休闲功能发展阶段与演进特征研究》，《旅游科学》2011 年第 2 期。

［91］卢松、杨兴柱、唐文跃：《城市居民对大型主题公园旅游影响

的感知与态度——以芜湖市方特欢乐世界为例》，《旅游学刊》
2011 年第 8 期。

[92] 陆钢：《文化实力弱让中国失分——与阎学通教授商榷》，《世
纪行》2007 年第 6 期。

[93] 罗婧、谢涛：《改革开放以来关于桂林旅游影响的研究综述》，
《市场论坛》（旅游市场）2009 年第 2 期。

[94] 罗文斌、谭荣：《城市旅游与城市发展协调关系的定量评价——
以杭州市为例》，《地理研究》2012 年第 6 期。

[95] 马波、徐福英：《中国旅游业转型升级的理论阐述与实质推
进——青岛大学博士生导师马波教授访谈》，《社会科学家》
2012 年第 6 期。

[96] 马庆国等：《浙江省丽水市"十一五"软实力建设研究课题总
报告》，浙江大学管理学院课题组，2006 年。

[97] 马晓龙：《城市旅游竞争力：基于 58 个中国主要城市的比较研
究》，南开大学出版社 2009 年版。

[98] 马学锋、张世兵、龙茂兴：《旅游产业融合路径分析》，《经济
地理》2010 年第 4 期。

[99] 马勇、肖智磊：《区域旅游竞争力的形成机理研究》，《旅游科
学》2008 年第 5 期。

[100] [美] 埃莉诺·奥斯特罗姆、Larry Schreoder、Susan Wynne：
《制度激励与可持续发展》，上海三联书店 2000 年版。

[101] 门洪华：《中国：软实力方略》，浙江人民出版社 2007 年版。

[102] 孟建：《媒体发展与大都市形象》，http：//www. expo2010 Chi-
na. com/expo/Chinese/rdzt/dslt/userobjectlai12907. html，2007 -
6 - 17。

[103] 孟建等：《城市形象与软实力》，复旦大学出版社 2008 年版。

[104] 倪鹏飞、刘高军、宋璇涛：《中国城市竞争力聚类分析》，《中
国工业经济》2003 年第 7 期。

[105] 倪鹏飞：《中国城市竞争力报告 No. 5，品牌：城市最美的风
景》，社会科学文献出版社 2007 年版。

[106] 倪鹏飞：《中国城市竞争力理论研究与实证分析》，中国经济

出版社 2001 年版。

[107] 潘宝明：《历史文化名城的文物保护与旅游发展》，《旅游学刊》1999 年第 3 期。

[108] 庞闻、马耀峰等：《旅游经济与生态环境耦合关系及协调发展研究——以西安市为例》，《西北大学学报》2011 年第 6 期。

[109] 庞中英：《中国软力量的内涵》，《瞭望新闻周刊》2005 年第 11 期。

[110] 彭华：《关于旅游开发与城市建设一体化初探》，《经济地理》1999 年第 19 期。

[111] 秦学：《我国城市旅游研究回顾与展望》，《人文地理》2001 年第 2 期。

[112] 沈福熙：《城市意象——城市形象极其情态语义》，《同济大学学报》（社会科学版）1999 年第 10 期。

[113] 沈仲亮：《大数据透视下的旅游投资竞争力》，《中国旅游报》2014 年 1 月 15 日。

[114] 石培华、冯凌：《改革开放 30 年来中国旅游类学术著作统计研究》，《旅游论坛》2009 年第 6 期。

[115] 舒伯阳、廖兆充主编：《旅游心理学》，东北财经大学出版社 2011 年版。

[116] 斯蒂芬·L. J. 史密斯著：《旅游决策与分析方法》，中国旅游出版社 1991 年版。

[117] 苏韵华：《如何打造城市媒体的品牌影响力》，《经济导刊》2007 年第 12 期。

[118] 粟路军：《不同类型旅游地竞合关系研究——基于旅游者忠诚差异分析》，《旅游科学》2011 年第 5 期。

[119] 孙林叶：《休闲理论与实践》，知识产权出版社 2009 年版。

[120] 唐耿军：《上海旅游业的产业关联度分析研究》，硕士学位论文，上海师范大学，2012 年。

[121] 童星、董华：《中国城市化进程中的城市发展理论的再认识》，《中国城市评论》2007 年第 3 期。

[122] 王安中、夏一波：《C 时代：城市传播方略》，新华出版社

2008 年版。

[123] 王朝辉、陆林、夏巧云：《国内外重大事件旅游影响研究进展与启示》，《自然资源学报》2012 年第 6 期。

[124] 王富德、刘娇月：《"平遥国际摄影大展"旅游影响探析》，《北京第二外国语学院学报》（旅游版）2006 年第 7 期。

[125] 王京滨：《中日软实力实证分析——对大阪产业大学大学生问卷调查结果的考证》，《世界经济与政治》2007 年第 7 期。

[126] 王莉、陆林：《国外旅游地居民对旅游影响的感知与态度研究综述及启示》，《旅游学刊》2005 年第 3 期。

[127] 王琳：《国家中心城市文化软实力评价研究——以港京沪津穗城市为例》，《城市观察》2009 年第 3 期。

[128] 王雅林：《城市休闲：上海、天津、哈尔滨城市居民时间分配的考察》，社会科学文献出版社 2003 年版。

[129] 王瑛、王铮：《旅游业区位分析》，《地理学报》2000 年第 3 期。

[130] 王子新、王玉成、邢慧斌：《旅游影响研究进展》，《旅游学刊》2005 年第 2 期。

[131] 维尔著：《休闲与旅游研究方法》，聂小荣、丁丽军译，中国人民大学出版社 2008 年版。

[132] 魏小安：《旅游城市与城市旅游——另一种眼光看城市》，《旅游学刊》2001 年第 6 期。

[133] 魏小安：《旅游文化与文化旅游》，旅游教育出版社 1996 年版。

[134] 吴金林、李丹：《福建旅游业竞争力研究——理论与实践》，旅游教育出版社 2005 年版。

[135] 吴良镛：《芒福德的学术思想及其对人居环境学建设的启示》，《城市规划》1996 年第 1 期。

[136] 吴晓尧：《城市软实力发展的基本要素》，《重庆行政》2007 年第 4 期。

[137] 吴志强、吴承照：《城市旅游规划原理》，中国建筑工业出版社 2005 年版。

［138］伍延基：《文明旅游与旅游文明：提升国际旅游竞争力的软实力》，《旅游学刊》1999 年第 10 期。

［139］夏晓鸣、范宏程：《口碑营销传播的要素及其运用》，《经济论坛》2007 年第 22 期。

［140］谢春山、傅吉新、李飞：《旅游业的产业地位辨析》，《北京第二外国语学院学报》2005 年第 3 期。

［141］谢婷、钟林生、陈田、袁弘：《旅游对目的地社会文化影响的研究进展》，《地理科学进展》2006 年第 5 期。

［142］谢彦君、余志远、周广鹏：《中国旅游城市竞争力评价理论与实践中的问题辨析》，《旅游科学》2010 年第 1 期。

［143］谢彦君：《基础旅游学》，中国旅游出版社 2004 年版。

［144］谢彦君：《旅游的本质及其认识方法——从学科自觉的角度看》，《旅游学刊》2010 年第 1 期。

［145］谢彦君：《旅游管理应用统计学简明教程》，东北财经大学出版社 2002 年版。

［146］修春亮：《对中国城市中心商务区演变规律的初步研究》，《人文地理》1998 年第 2 期。

［147］徐红罡：《城市旅游与城市发展的动态模式探讨》，《人文地理》2005 年第 1 期。

［148］徐京波、翟建军：《区域软实力研究与建构》，红旗出版社 2011 年版。

［149］徐永健：《城市滨水区旅游开发初探》，《经济地理》2000 年第 1 期。

［150］阎学通：《软实力的核心是政治实力》，《环球时报》2007 年第 5 期。

［151］杨慧芸：《旅游城市形象传播研究——以大理和桂林为例》，硕士学位论文，广西大学，2007 年。

［152］杨颖：《产业融合：旅游业发展趋势的新视角》，《中国软科学》2011 年第 2 期。

［153］杨勇：《旅游目的地竞争力框架中的"文化"因素分析：一个综述》，《旅游学刊》2006 年第 12 期。

［154］姚林:《大众媒体传播力分析》,《传媒》2006 年第 9 期。

［155］姚明广:《上海都市文化旅游资源开发研究》,博士学位,山东大学,2009 年。

［156］叶全良、丁枢:《旅游经济学》,旅游教育出版社 2010 年版。

［157］叶全良:《旅游经济学》,旅游教育出版社 2010 年版。

［158］易丽蓉、傅强:《旅游目的地竞争力影响因素的实证研究》,《重庆大学学报》(自然科学版)2006 年第 8 期。

［159］殷好:《城市对外形象传播研究——以南京市对外形象传播为例》,硕士学位论文,南京师范大学,2007 年。

［160］尹德涛、宋丽娜:《旅游问卷调查方法与实务》,南开大学出版社 2008 年版。

［161］尹立杰、张捷、韩国圣、钟士恩、李倩:《基于地方感视角的乡村居民旅游影响感知研究——以安徽省天堂寨为例》,《地理研究》2012 年第 10 期。

［162］于英士:《北京建成现代化国际旅游城市》,《旅游学刊》1994 年第 1 期。

［163］余凯成:《人力资源管理》,大连理工大学出版社 2001 年版。

［164］虞虎、陆林等:《长江三角洲城市旅游与城市发展协调性及影响因素》,《自然资源学报》2012 年第 10 期。

［165］岳川江、吴章文等:《滨海城市旅游竞争力评价研究》,《经济地理》2010 年第 5 期。

［166］翟佳羽、刘鲁:《"2010 中国城市榜·旅游城市发展峰会"会议述要》,《旅游学刊》2010 年第 11 期。

［167］张朝枝、陈刚华:《理论对话·学术贡献·学术规范——"旅游与人地环境"国际学术研讨会综述》,《旅游学刊》2011 年第 8 期。

［168］张广瑞:《关于中国旅游发展的理性思考》,《旅游科学》2008 年第 4 期。

［169］张梦:《区域旅游业竞争力理论与实证研究》,西南财经大学出版社 2005 年版。

［170］张苗荧:《旅游业融合发展正当时》,《中国旅游报》2012 年

12 月 5 日。

[171] 张鹏、郑垂勇、邱萍:《旅游与生态环境协调发展研究——基于生态安全视角》,《西北林学院学报》2010 年第 6 期。

[172] 张文杰、周静:《城市软实力国内研究简述》,《艺术文化交流》2013 年 11 月下半月刊。

[173] 张文娟:《基于区域整体利益的旅游目的地品牌营销研究》,博士学位论文,武汉大学,2010 年。

[174] 张文忠:《城市内部居住环境评价的指标体系和方法》,《地理科学》2007 年第 1 期。

[175] 张熙、张春阳、杨爽:《大型节事活动的旅游影响研究——以温州中国马术节为例》,《城市旅游规划》2013 年 11 月下半月刊。

[176] 章一平:《软实力的内涵与外延》,《现代国际关系》2006 年第 11 期。

[177] 赵黎明、杨其元:《旅游城市系统》,华中科技大学出版社 2007 年版。

[178] 郑琼杰、李程骅:《现代服务业与城市转型关系的审视与思考》,《城市问题》2011 年第 12 期。

[179] 郑嬗婷、陆林等:《近十年国外城市旅游研究进展》,《经济地理》2006 年第 4 期。

[180] 郑杨:《城市旅游休闲服务网络的建设》,《旅游学刊》1998 年第 2 期。

[181] 中国广告门户网:《直面城市形象广告》,http://www.yxad.com/Article/HTML/2259.shtml,2006 - 1 - 28。

[182] 中国旅游论坛:《旅游业发展数据专题》,http://club.taoyou.com/。

[183] 中国旅游研究院:《旅游与城市的融合发展:以成都为例》,中国旅游出版社 2013 年版。

[184] 中国旅游研究院:《中国出境旅游发展年度报告(2014)》,旅游教育出版社 2014 年版。

[185] 中国旅游研究院:《中国区域旅游发展年度报告(2013—

2014)》，旅游教育出版社 2013 年版。

[186] 周文辉：《城市营销》，清华大学出版社 2004 年版。

[187] 周振华编著：《城市发展：愿景与实践：基于上海世博会城市最佳实践区案例的分析》，上海人民出版社 2010 年版。

[188] 周志懿：《媒体竞争：传播力制胜》，《传媒》2006 年第 8 期。

[189] 朱孔来、马宗国：《国内外软实力研究现状综述及未来展望》，《济南大学学报》（社会科学版）2010 年第 6 期。

[190] 朱佩军：《旅游节庆是都市旅游的主力军》，《桂林旅游高等专科学校学报》1998 年第 3 期。

[191] 朱顺泉：《管理科学研究方法——统计与运筹优化应用》，清华大学出版社 2006 年版。

[192] 宗晓莲：《西方旅游人类学研究述评》，《民族研究》2001 年第 3 期。

[193] 邹统纤主编：《旅游景区开发与管理》，清华大学出版社 2004 年版。

[194] 左继宏、胡树华：《区域竞争力的指标体系及评价模型研究》，《商业研究》2005 年第 16 期。

[195] 左学金：《软实力和中国提升软实力的战略选择》，《参考消息特刊》2004 年第 8 期。

[196] Agarwal S., "Restructuring Seaside Tourism the Resort Lifecycle", *Annals of Tourism Research*, Vol. 29, No. 1, 2002.

[197] Alchain, Armen A., Demsetz, Harold, "Production, Information Costs, and Economic Organization", *American Economic Review*, 1972.

[198] Ashworth G. J., Tunbridge J. E., *The Tourist - Historic City*, London: Belhaven Press, 1990: 10 - 400.

[199] Ashworth G. J., "Urban Tourism: An Imbalance in Attention", *Progress in Tourism, Recreation and Hospitality Management*, No. 1, 1989, pp. 33 - 54.

[200] Barry P. Andrew, "Tourism and the Economic Development of Corn Wall", *Annals of Tourism Research*, Vol. 24, No. 3, 1997,

pp. 721 - 735.

[201] Benedict Dellaert, Aloys Borgers and Harry Timmermans, "A Day in the City: Using Conjoint Choice Experiments to Model Urban Tourists' Choice of Activity Packages", *Tourism Management*, No. 5, 1995, pp. 347 - 353.

[202] Brian Archer, John Fletcher, "The Economic Impact of Tourism in the Seychelles", *Annals of Tourism Research*, Vol. 23, No. 1, 1996, pp. 32 - 47.

[203] Christopher B. Whitney, David Shambaugh, Soft Power in Asia: Results of a 2008 Multinational Survey of Public Opinion, Chicago: The Chicago Council on Global Affairs, 2008.

[204] Daniel Bell, "The Coming of Post - industrial Society: A Venture in Social Forecasting", New York: Basic Books, 1976: 121 - 164.

[205] Deborah Edwards et al., "Urban Tourism Research: Developing an Agenda", *Annals of Tourism Research*, Vol. 35, No. 4, 2008, pp. 1032 - 1052.

[206] Deying Zhou, John F. Yanagida, Ujjayant Chakravorty, "Estimating Economic Impacts from Tourism", *Annals of Tourism Research*, Vol. 24, No. 1, 1997, pp. 76 - 89.

[207] Dick, A. S., Basu, K., "Customer Loyalty: Toward an Integrated Conceptual Framework", *Journal of the Academy of Marketing Science*, Vol. 22, No. 2, 1994, pp. 99 - 113.

[208] Dimitrios Buhalis, "Making the Competitive Destination of the Future", *Tourism Management*, Vol. 21, No. 1, July 2000.

[209] Donald E. Hawkins, "A Protected Areas Ecotourism Competitive Cluster Approach to Catalyse Biodiversity Conservation and Economic Growth in Bulgaria", *Journal of Sustainable Tourism*, Vol. 12, No. 3, 2004, pp. 219 - 244.

[210] Dr Dimitrios Buhalis, "Marketing the Competitive Destination of the Future", *Tourism Management*, Vol. 21, No. 1, 2000, pp. 97 -

116.

[211] Dwyer L., Kim C., "Destination competitiveness: Determinants and indicators", *Current Issues in Tourism*, Vol. 6, No. 5, 2003, pp. 369 – 414.

[212] E. Canestrill, P. Costa, "Tourism Carry Capacity: Fuzzy Appoach", *Annals of Tourism Research*, Vol. 18, No. 1, 1991, pp. 295 – 311.

[213] Enrique Ortega, Beatriz Rodriguez, "Information at Tourism Destinations: Importance and Cross – cultural Differences between International and Domestic Tourists", *Journal of Business Research*, No. 3, 2007.

[214] Frank M. Go, Robert Govers, "Integrated Quality Management for Tourist Destinations: A European Perspective on Achieving Competitiveness", *Tourism Management*, Vol. 21, No. 1, 2000, pp. 79 – 88.

[215] Gomezelja D. O. & Mihalic, T., "Destination Competitiveness – applying Different Models: The Case of Slovenia", *Tourism Management*, Vol. 29, No. 2, 2008, pp. 294 – 307.

[216] Gregory Ashworth, Stephen J. Page, "Urban Tourism Research: Recent Progress and Current Paradoxes", *Tourism Management*, No. 3, 2010, pp. 1 – 15.

[217] John E. Wagner, "Estimating the Economic Impacts of Tourism", *Annals of Tourism Research*, Vol. 24, No. 3, 1997, pp. 592 – 608.

[218] Joseph S. Nye Jr., "Soft Power", *Foreign Policy*, Vol. 20, No. 80, 1990, pp. 153 – 171.

[219] Joseph S. Nye Jr., "The Decline of America's Soft Power", *Foreign Affairs*, No. 5/6, 2004.

[220] Joseph S. Nye Jr., "The Velvet Hegemoon", *Foreign Policy*, No. 136, 2003, pp. 74 – 75.

[221] Kozak M., "Repeaters' Behavior at Two Distinct Destinations", *Annals of Tourism Research*, Vol. 28, No. 3, 2001, pp. 785 – 808.

[222] Littlejohn David, Watson Sandr, "Developing Graduate Managemers for Hospitality and Tourism, International", *Journal of Contemporary Hospitality Management*, Vol. 16, No. 7, 2004, pp. 408 – 414.

[223] Marie – Louise Mangion, Ramesh Durbarry M. Thea Sinclair, "Tourism Competitiveness Price and Quality", *Tourism Economics*, Vol. 11, No. 1, 2005, pp. 45 – 68.

[224] Mc David, James, Shick George, "Privatization Versus Union Management Cooperation: The Effects of Competition in Service Efficiency in Municipalities", *Canadian Public Administration*, No. 30, 1987.

[225] Michael J. Enright, James Newton, "Tourism Destination Competitiveness: A Quantitative Approach", *Tourism Management*, Vol. 25, No. 16, 2004, pp. 777 – 788.

[226] Nye, Joseph S. Jr., "Why Military Power is No Longer Enough", http//observer. guardian. co. uk/worldview/story/0, 11581, 676169, 00. html, 2007 – 8 – 1.

[227] Nye, Joseph S. Jr., "The Changing Nature of American Power", *Political Science Quarterly*, No. 105, 1990, pp. 177 – 192.

[228] Nye, Joseph S. Jr., *Bound to Lead: The Changing Nature of American Power*, New York: Basic Book, 1990.

[229] Nye, Joseph S. Jr., The Benefits of Soft Power, http://hbswk. hbs. edu/item. jhtml? id = 4290&t = leadership, 2008 – 10 – 13.

[230] Nye, Joseph S. Jr., *Understanding International Conflicts, An Introduction to Theory and History*, Boston: Harvard University, 2003.

[231] Oliver R. L., *Satisfaction: A Behavioral Perspective on the Consumer*, Boston, MA: Irwin McGraw – Hill, 1997.

[232] R. Keith Schwer, Ricardo Gazel, Rennae Daneshvary, "Air – Tour Impacts the Grand Canyon Case", *Annals of Tourism Research*, Vol. 27, No. 3, 2000, pp. 611 – 623.

[233] Richard De Zoysa and Otto Newman, "Globalization, Soft Power

and the Challenge of Hollywood", *Contemporary Politics*, Vol. 8, No. 3, 2002, pp. 185 – 202.

[234] Ritchie J. R., B. Crouch G., "The Competitive Destination A Sustainability Perspective", *Tourism Management*, Vol. 21, No. 1, 2000, pp. 1 – 7.

[235] Robert A. Dahl, "A Democratic Dilemma: System Effectiveness Versus Citizen Participation", *Political Science Quarterly*, Vol. 109, No. 1, 1994, pp. 123 – 137.

[236] Singh J., Sirdeshmukh D., "Agency and Trust Mechanisms in Consumer Satisfaction and Loyalty Judgments", *Journal of the Academy of Marketing Science*, Vol. 28, No. 1, 2000, pp. 150 – 167.

[237] Steven W. Litvin, "Streetscape Improvements in a Historic Tourist City a Second Visit to King Street, Charleston, South Carolina", *Tourism Management*, Vol. 26, No. 3, 2005, pp. 421 – 429.

[238] Turner L. & Ash J., *The Golden Hordes: International Tourism and the Pleasure Periphery*, London: Constable, 1975.

[239] Twan Huybers, Jeff Bennett, "Environmental Management and the Competitiveness of Nature – based Tourism Destinations", *Environmental and Resource Economics*, Vol. 24, No. 3, 2003, pp. 213 – 233.

[240] Youell Ray, *The Complete A – Z Leisure, Travel & Tourism Handbook*, London: Hodder & Stoughton, 1996: 27.

后　记

　　光阴荏苒，三年飞逝，掩卷深思，感慨良多。临近毕业之际，我将对多年来给予我莫大帮助的老师、亲人、朋友们呈上最诚挚的谢意！

　　感谢叶全良教授、舒伯阳教授、邓爱民教授等导师，是他们将我引进了旅游管理的学术殿堂，让我领略到了其中的旖旎风光。感谢恩师叶全良教授在本书写作过程中所给予的悉心指导。师恩无以为报，唯有谨遵师嘱，在今后的工作和学习中有所作为，才能不辜负导师的教诲和期望！

　　感谢爱人周继军和姐姐、姐夫的理解、鼓励与大力支持，没有他们的默默付出就不可能有我的今天；感谢周子硕小朋友的懂事与陪伴。对家人的感激无法用言语来表达，他们的亲情和付出将永远鞭策我不断前进。

　　感谢我的同学们！在我求学的三年中，你们给予了我纯真的友谊和无私的帮助。是你们为我提供了极大的友情支持，使我在互帮互助、积极进取的学习环境中受益颇多。与各位同学结下的深厚友谊，也将是我一生的财富！

　　感谢百忙之中对我的论文进行评审的各位专家以及论文答辩委员会的主席和委员们！你们辛苦了，谢谢！

　　在本书即将付梓的时候，我从心底里由衷地发出了这些声音。我不是一个聪明的人，但却是一个勤奋的人，更是一个幸运的人。每每人生的关键之处，都得到了命运之神的眷顾与青睐。本书的出版并不是我学术生涯的终点，而是一个新的起点。希望在我不懈努力的基础上，能再次得到命运之神的眷顾与青睐，因为我深爱着我的职业、我的老师、我的家人和朋友们！

　　光阴似箭，转瞬即逝。虽然在校的日子很短暂，仍难忘怀在林荫道和同学们散步的快乐时光，喜欢校园繁茂的大树，怀念校园平静的湖泊与宁静的夜晚，怀念那春秋晨暮里清新的空气。不论离聚，唯愿师友们顺遂安康！

张春燕

2015 年 5 月于南湖